La Casa del Escritor

Romance Espírita por el
Espíritu Patricia

Psicografía de
Vera Lúcia Marinzeck de Carvalho

Traducción al Español:
J.Thomas Saldias, MSc.
Trujillo, Perú, Febrero 2020

Título Original en Portugués:
"A Casa do Escritor"
© *Vera Lúcia Marinzeck de Carvalho, 1993*

Revisión:
Yenny N. Chura Chura

Karen Funes Valenzuela

World Spiritist Institute

Houston, Texas, USA

E–mail: contact@worldspiritistinstitute.org

Algunas Palabras de la Médium

Patrícia es mi sobrina, la hija de mi hermana. Teníamos una gran afinidad, éramos amigas.

En la adolescencia, casi todo lo que pensaba, estando cerca, capturaba sus pensamientos fácilmente.

Incluso llegamos a jugar con la telepatía. Una vez, en la granja de sus padres, hicimos un experimento. Cada una de nosotras se quedó en una habitación, ella tomó un objeto y lo transmitía, yo adivinaba. Funcionó, experimentamos con palabras, con exactitud. Solo ella podía transmitir, yo podía captar.

Como el azar no existe, estoy segura de que nuestros espíritus sabían sobre la tarea que haríamos más tarde.

Patrícia desencarnó a la edad de diecinueve años, dejó un vacío, extrañando su presencia física, pero la certeza de que no nos separamos.

La vida continúa, y es sobre esta particularidad, la continuación, que ella viene a narrarnos amorosamente, dejándonos nuevos conocimientos.

Por mi parte, estoy agradecida, profundamente agradecida con el Padre por permitirme disfrutar de su compañía mientras trabajamos.

São Sebastião do Paraíso, MG, 1992.

De la Médium

Vera Lúcia Marinzeck de Carvalho (São Sebastião do Paraíso, 21 de octubre -) es una médium espírita brasileña.

Desde pequeña se dio cuenta de su mediumnidad, en forma de clarividencia. Un vecino le prestó la primera obra espírita que leyó, "El Libro de los Espíritus", de Allan Kardec. Comenzó a seguir la Doctrina Espírita en 1975.

Recibe obras dictadas por los espíritus Patrícia, Rosângela, Jussara y Antônio Carlos, con quienes comenzó en psicografía, practicando durante nueve años hasta el lanzamiento de su primer trabajo en 1990.

El libro "Violetas na Janela", del espíritu Patrícia, publicado en 1993, se ha convertido en un éxito de ventas en el Brasil con más de 2 millones de copias vendidas habiendo sido traducido al inglés y al castellano y adaptada al teatro.

Esta nueva traducción de "Violetas en la Ventana" es un primer avance de los otros tres libros dictados por su sobrina Patricia: "Viviendo en el Mundo de los Espíritus", "La Casa del Escritor" y "El Vuelo de la Gaviota" todos traducidos y disponibles a través de World Spiritist Institute.

Del Traductor

Jesus Thomas Saldias, MSc., nació en Trujillo, Perú.

Desde los años 80's conoció la doctrina espírita gracias a su estadía en Brasil donde tuvo oportunidad de interactuar a través de médiums con el Dr. Napoleón Rodriguez Laureano, quien se convirtió en su mentor y guía espiritual.

Posteriormente se mudó al Estado de Texas, en los Estados Unidos y se graduó en la carrera de Zootecnia en la Universidad de Texas A&M. Obtuvo también su Maestría en Ciencias de Fauna Silvestre siguiendo sus estudios de Doctorado en la misma universidad.

Terminada su carrera académica, estableció la empresa *Global Specialized Consultants LLC* a través de la cual promovió el Uso Sostenible de Recursos Naturales a través de Latino América y luego fue partícipe de la formación del **World Spiritist Institute**, registrado en el Estado de Texas como una ONG sin fines de lucro con la finalidad de promover la divulgación de la doctrina espírita.

Actualmente se encuentra trabajando desde Peru en la traducción de libros de varios médiums y espíritus del portugués al español, así como conduciendo el programa "La Hora de los Espíritus."

ÍNDICE

La Casa del Escritor

Siempre es un placer tener en las manos un trabajo de encantos mil. Es con amoroso orgullo que presento este trabajo. La Casa de Escritor es mi casa, me encanta el trabajo que promueve.

Patricia, con su lenguaje simple y joven, lo describe tan bien que nos conmueve. Realmente es la Casa del Escritor como era narrado. Es un polo positivo de la literatura brasileña y, principalmente, del Espiritismo, que tanto bien y tantas instrucciones ha sembrado.

La joven escritora, que durante algún tiempo animó a nuestra encantadora Colonia con su presencia, sabía cómo aprovechar todos los momentos aquí presentes e incluso en sencillas conversaciones, sabía cómo aprovechar la oportunidad para conocerla. A través del trabajo en equipo sabía cómo ser útil. Y en todo caso, sabía cómo aprovecharlo al máximo y luego escribir este libro.

La Casa del Escritor es una realidad que nuestra Patricia expone bien a sus lectores. Espero que este libro sea un incentivo para todos los que trabajan con literatura edificante. Y también para aquellos que pueden venir a trabajar.

Felices son aquellos que se educan y hacen de su conocimiento un alimento sabroso para aquellos que anhelan saber.

Queridos lectores, aquí hay un trabajo fantástico, un poco de los frutos del Conocimiento en el Plano Espiritual. Y que Patricia nos describe muy bien.

¡Alegría!

António Carlos

São Carlos – SP – 1993

1.– La Colonia de Estudio

Cuán diferente fue el estado de alegría que sentí cuando llegó el momento de comenzar una nueva etapa de estudio. Una profunda alegría llenó mi alma a pesar de mi control mental.

Me vino a la mente el dicho del gran Nazareno a sus discípulos.

Extractos que tomé para meditar sobre el Evangelio de Juan, de los capítulos XIV y XV. "Te doy mi paz, te doy alegría, para que tu paz sea completa, tu alegría llena."

¿Qué paz y alegría fueron estos? Porque fueron dados por un hombre que no poseía nada, no disfrutaba los bienes mundanos. Además, se les dijo incluso antecediendo a horas de muchos dolores y penas, hechos y dificultades que enfrentaría.

La paz y la alegría que Jesús distribuyó no estaban vinculadas a nuestra forma de ver y vivir. Y, sin embargo, los vivía un hombre de carne, sangre y espíritu como nosotros.

Cuando estamos encarnados, nuestra alegría está vinculada a las sensaciones y los placeres de los sentidos, e incluso a la satisfacción de un logro mental, ya sea de fortaleza o aprendizaje. La felicidad que buscamos en el plano físico es sinónimo de ociosidad, placer y ausencia de dificultades. No entendemos que las dificultades, cuando no son creadas por nosotros mismos, son, por regla general, instrumentos de la naturaleza que no nos dejan caer en la inactividad, porque la monotonía es la muerte misma. La naturaleza es vida que se renueva constantemente.

Como en un encender de las luces, me di cuenta de que la alegría perenne no puede estar vinculada con personas o cosas. No puede depender de ningún incentivo para que suceda. Es un estado de suerte, sin límites, por saber entender. Es vivir la vida por la vida y no ganar algo o alcanzar un fin.

Conocí la verdadera felicidad.

Pasaran dos años, durante los cuales me quedé estudiando en la Colonia de Estudio: Casa del Saber. Fue un período maravilloso en el que aprendí mucho, hice nuevos amigos, maduré espiritualmente. Recuerdo que cuando llegué a la Casa del Saber, me conmoví hasta las lágrimas y exclamé conmovida:

– ¡Esta Colonia es hermosa! ¡Qué lugar de encantos y sueños!

De hecho, la Casa del Saber es un lugar que para los encarnados solo se puede comparar con sueños encantadores.

António Carlos, mi querido amigo, me acompañó. Volitamos con calma.

– Patricia, ahora vamos despacio. Observa la Colonia, está allí, en ese punto radiante.

Vi un punto de luz blanca y pronto ya pude ver los edificios y jardines. La Colonia no está rodeada. Es fantástico verla caminando. Mi amigo me aclaró:

– La Colonia de Estudio no tiene sistema de defensa. Todos los que viven en él vibran en la misma intensidad que lo sostiene. Y solo aquellos que vibran en la misma sintonía pueden verla.

La Colonia está suspendida en el aire, como si estuviera encima de una nube grande y sólida. Para los encarnados, no hay nada en el lugar, no es perceptible para la visión de los encarnados y desencarnados que no sintonizan con sus vibraciones.

Descendimos en el círculo que la rodea. Para que me entiendan, en esta parte sólida donde está la Colonia, hay un alero de unos pocos metros y a continuación están sus edificios y patios.

Sonreí encantada y respondí a la invitación de mi cicerone –. Vamos, Patricia. Primero saludaremos al director de la casa.

Caminamos. No hay diferencia con el suelo de las otras Colonias.

La Casa del Saber es una pequeña Colonia, dividida en calles. Caminamos con calma, sin desconfiar. Las personas que conocimos nos sonrieron a modo de saludo. Miraba todo con curiosidad. ¡Todo tan lindo! El aire es perfumado, la brisa es suave. Los edificios son armoniosos.

Es una Colonia encantadora, donde puedes pasar horas simplemente mirando el conjunto, la Colonia misma.

Nos detuvimos frente a un edificio y entramos. En una puerta, con un cartel escrito que decía "Dirección", mi amigo llamó y pronto se abrió. António Carlos abrazó efusivamente a un caballero de aspecto agradable, que luego se acercó a mí.

– Esta es Patricia de quien te hablé.

– Soy Alfredo. Encantado de tenerte con nosotros. He escuchado mucho sobre ti. Entonces, ¿te gustó nuestra Colonia?

– Oh, me parece encantadora. Es un placer estar aquí, estoy agradecida por la bienvenida. Amo aprender. Estar aquí es todo lo que anhelo en este momento.

Alfredo es muy agradable, inteligente y amable.

Por unos momentos, los dos amigos comenzaron a intercambiar noticias sobre sus amigos mutuos. Mientras tanto, vi la sala de juntas. Todo es paz, es espacioso, con muebles claros, hermosos cuadros en la pared y jarrones con flores. Justo detrás del escritorio estaba bordada la oración de San Francisco de Asís, tan conocida por todos nosotros. En todas partes donde hay equilibrio, donde se cultiva la paz y armonía, hay un encanto especial, todo se vuelve maravilloso. Y en toda la Colonia reina la alegría de estar bien contigo mismo.

– Patricia – dijo Alfredo suavemente –, le pediré a Rosely que te acompañe en un recorrido por la Colonia para que puedas conocerla."

Tocó un timbre suave y una chica rubia, muy hermosa, con una sonrisa franca, entró en la habitación.

– Hola, soy Rosely.

– Yo, Patricia.

Sonreímos, era como si la hubiera conocido por mucho tiempo. António Carlos me aclaró.

– Patricia, aquí siempre tendrás la sensación de conocer a todos.

Es una unión por vibración. Estoy feliz porque veo que estás vibrando en armonía con todos los presentes.

– Ven conmigo, estaré encantada de mostrarte la Colonia.

Nos despedimos de Alfredo y encantados acompañamos a nuestra joven cicerone.

La Colonia no es grande. Conocimos su parte externa en media hora, minutos que pasé extasiada, mientras acompañaba las explicaciones de Rosely.

– Este es el edificio de Orientación. Aquí están las oficinas de los maestros y de los directores. Este otro es el de las salas de clases, la biblioteca y las salas de video. Están las salas de conferencias. Debido a las numerosas conferencias que pueden tener lugar al mismo tiempo, hay varias salas, con una de ellas mucho más grande para un número mayor de asistentes y también utilizada como teatro. Este edificio es sencillo, bien decorado, con bellas imágenes y muchas flores. Las sillas son giratorias, todas muy cómodas. Todo es armonioso, invita a la meditación y la oración.

– Este es el edificio para estudiantes. Vamos, vamos adentro. Es un edificio de cuatro pisos dividido en oficinas.

Todo lucía muy limpio y claro. Ya no puedo nombrar este espacio en particular en cada habitación, ya que aquí no se duerme ni comes. Es un rincón tuyo, donde estudias, meditas, rezas, etc.

Rosely nos llevó al que fue destinado para mí. Es una habitación grande y bien ventilada, a la que llamaré una oficina.

– ¡Qué lugar tan encantador! – Exclamé conmovida.

Me emocioné y me alegré de que sea allí donde pasaría horas durante el largo período que permanecería en la Casa del Saber. Había un escritorio todo trabajado, hermoso. Una estantería, dos sofás y una pequeña mesa con un hermoso jarrón con flores azules. La ventana daba al patio que lucía lleno de flores. Me sorprendió que no hay lámparas, candelabros, nada que demuestre tener luz artificial. António Carlos, como siempre leyendo mis pensamientos, sonriendo, trató de esclarecerme.

– Aquí no oscurece. La luz del sol siempre brilla. Las Colonias en esta dimensión no siguen la rotación de la Tierra. Están fijos y reciben los rayos beneficiosos de nuestro astro rey en todo momento.

– Entonces, ¿no es como la Colonia San Sebastián que siempre está en el espacio de la ciudad de São Sebastião do Paraíso?"

– No, las Colonias de Estudio, como algunas otras, no están vinculadas a lugares en la Tierra, están en el espacio de la Tierra, como un todo. Aquí hay algunas Colonias que van a servir al pueblo brasileño, inmediatamente después están las de otros países; muchas son para todos los terrícolas, que se comunican a través del esperanto y el pensamiento.

– ¡Sensacional! ¡No veré la noche! – Exclamé

– La noche tiene su encanto – dijo António Carlos –. Pero siempre la verás cuando visites la Tierra, la familia y las Colonias de Socorro.

– ¿Y cómo sabré cuándo es de noche en la Tierra? – pregunté de nuevo.

– Para tener un control en el calendario, la Colonia sigue la hora, como el día y la hora en el Brasil. Aquí tenemos la Sala del Reloj, en ese lugar hay una hora para todos los países de la Tierra.

– António Carlos – quería saber curiosa –, ¿cómo encontraste la Colonia entre tantas? ¡Fue muy fácil!

– Para sintonizar. Mentalicé la Casa del Saber y vine por la vibración Pronto aprenderás a usar este proceso, porque te moverás mucho e irás sola. Ya estás bastante grande y autosuficiente para salir sola.

Nos reímos con la broma.

Traje algunos objetos los cuales ya dejé en el escritorio.

Luego, cuando estaba sola, los organicé. Puse algunos libros en el estante, cuadernos en el escritorio y fotos de los miembros de mi familia en la pared y en mi escritorio. No traje nada personal. Ya no me cambio de ropa. Llevo pantalones holgados y una camiseta azul claro. Me siento bien así.

Fuimos a ver el resto de la Colonia.

– Esta es la parte más hermosa – dijo Rosely.

Me detuve asombrada por el paisaje encantador. Todo parecía brillar, como si el lugar estuviera salpicado de cientos de bengalas. Me sentí ligera, como una pequeña nube bailando en la suave brisa. Frente a mí estaba el jardín armonioso y fenomenal de la Casa del Saber. Muchos árboles, todos perfectos, sanos y floridos. Hay tantas variedades que no hay dos árboles de la misma especie. Siempre están floreciendo. Sus flores de diferentes colores y perfumes le dan a la visión total una encantadora combinación de colores.

Los árboles parecen desfilar tranquilas, enseñándonos a estar equilibrados y armonioso por el bien de quienes nos ven. Hay muchos parterres entre los árboles, formados por delicadas y coloridas flores que brillan. Los parterres forman frases, figuras que lo invitan a venerar al Creador. Muchas bancas se extienden por todo el jardín y son cómodas, algunos columpios, otros bajo pérgolas con flores.

–Aquí también, acostumbramos escuchar conferencias de invitados de otras esferas, que siempre nos brindan sus enseñanzas – dijo Rosely, llevándome de vuelta a la realidad, porque, ante tanto encanto, parecía por un momento, que yo era parte de la naturaleza misma, porque sintonicé con las bellezas que veía allí.

António Carlos sonrió cuando me vio en éxtasis.

- Es tan bueno estar en un lugar de paz, ¿eh, Patricia?

Sonreí, de acuerdo. Cualquier opinión dada fue poco para describir tal armonía.

- En este rincón – dijo Rosely, mostrando el ala derecha –, están el lago y la cascada.

Un pequeño río brotaba del suelo, corre unos cincuenta metros y forma un pequeño lago. Sus aguas claras y cristalinas permiten ver en el fondo sus piedras de diferentes tamaños y colores. No me pude resistir y metí las manos en el agua. Su temperatura es como el ambiente, agradable, es tan ligera que no nos moja; la llevé a mis labios y no puedo compararlo con el agua más pura del planeta Tierra, es mucho mejor. Suspiré, lo que hizo sonreír a mis compañeros y exclamé extasiada:

- ¡Qué belleza!

Al otro lado del lago está la cascada, donde el agua desciende entre las plantas y las flores, después de que ingresa al suelo y desaparece.

– Aquí está el lugar favorito para meditaciones y el preferido de los pensadores – dijo Rosely –. Ahora te llevaré a tu salón de clases, donde tendrás tu primera clase.

– Me despido de ti, Patricia – dijo António Carlos.

– Ahora ya conoces tu nueva morada.

– Estoy encantada y agradecida, António Carlos. Gracias por todo. Nos abrazamos con cariño.

Entramos, Rosely y yo, en el edificio del salón de clases, estaba emocionada. Cruzamos los pasillos y nos detuvimos frente a una puerta en la que mi cicerone golpeó ligeramente. La puerta se abrió y un caballero de aspecto agradable nos recibió, sonriendo.

– ¡Buenas tardes! Soy Leonel.

– ¡Buenas tardes! Soy Patricia.

Una nota curiosa, en la Casa del Saber, se usa mucho la frase "¡La paz sea contigo!" A veces es habitual dirigirse al otro con un hola. Como no oscurece, nunca se usan las buenas noches, pero a veces se acostumbra escuchar los saludos tradicionales de la Tierra con buenos augurios como buenos días y buenas tardes. De hecho, si uno lo desea de todo corazón, lo recibimos con armonía.

- Entra, por favor.

Leonel se dirigió a mí gentilmente y girando para la clase me presentó. Este es otro estudiante. Se llama Patricia. Ponte cómoda, pronto conocerás a todos. Cálmate.

Me senté en un escritorio. Miré la sala, era grande, espaciosa, había cuarenta estudiantes que me miraban sonriendo. Me sentí a gusto.

En el primer intervalo me asimilé. Todos fueron demasiado agradables. Ya no se hablaba más de desencarnaciones o lo que uno era o cuando fue que desencarnara. El tema preferido era sobre estudios. Estaba encantada con todos.

Por lo tanto, los días siempre fueran tranquilos, cumpliendo un horario completo. Entonces el tiempo ha pasado rápidamente, como siempre sucede cuando estamos felices.

La Casa del Saber fue mi hogar durante dos años consecutivos. La mayor parte del tiempo las pasé en las aulas, en las salas de conferencias y en el Rincón de Paz, como se llama el jardín de la Colonia. Allí, al ver las flores, la cascada, pensé mucho, medité en lo que aprendí.

Maduré mucho, era una nueva Patricia, equilibrada, incluso más feliz, sencillamente no había cambiado mi sed de conocimiento, de saber.

Durante este período, tuve muchos maestros que eran verdaderos amigos y de quienes tengo los mejores recuerdos y sentimientos de gratitud.

Aprendí mucho de los Evangelios y el Plan Espiritual. Yo pasé para hablar Esperanto correctamente y comunicarnos por el pensamiento. Al final del curso solo nos comunicábamos así. Visitamos otras Colonias de

Estudio en la misma área, todas eran algo similares, cada una con su propio encanto. Fuimos a muchas Colonias en otros países, donde practicamos Esperanto y la comunicación a través del pensamiento.

Estas excursiones nos asombraron, siempre es agradable conocer y hacer nuevos amigos.

El estudio en esta Colonia también es un complemento del estudio que hice anteriormente y que describí en el libro "*Viviendo en el Mundo de los Espíritus.*" Vi y aprendí mucho. Pero me sorprendió cada vez más el conocimiento que adquirí y anhelaba seguir aprendiendo.

Teníamos muchas horas de estudio al día, y lo complementábamos con muchos trabajos que hacíamos en grupos. Hice muchos amigos, todos los habitantes de la Colonia eran y son mis amigos, pero siempre hay algunos que nos complementan más, son más afines. Entre ellos, me uní a Lúcia, Inés y Murilo con sincero afecto.

Nos reuníamos en pequeños grupos en las oficinas, primero en uno, luego en otro, para intercambiar ideas. Al principio, hablábamos, después el grupo se quedaba en silencio y nos comunicábamos por el pensamiento. Estábamos alegre sin hacer alboroto. También nos reuníamos en el jardín, siempre debajo de una pérgola, sentados en sus cómodas bancas, con árboles frondosos como compañía que nunca dejé de admirar.

Tuvimos momentos libres, en los que pudimos recibir visitas y salir a visitar. Pronto aprendí a moverme en esta esfera y encontrar la Casa del Saber con facilidad. En mi tiempo libre, fui a la Colonia San Sebastián para ver amigos, visitar a mi familia en la Tierra a quienes siempre les dictaba mensajes.

Siempre hay muchos estudiantes en estas Colonias. Todos unidos con el propósito de aprender, son espíritus afines. El grupo de veteranos se une en una conversación saludable con los novatos y el tema favorito es lo que se está estudiando en ese momento. Íbamos mucho a la biblioteca y siempre íbamos a las salas de video. No eran solo mis lugares favoritos, sino de todos. En estas salas, uno encuentra todo, los temas están completos. No solo íbamos a hacer trabajos, también fuimos en el tiempo libre para ver o revisar películas o libros que nos gustaron. En esta Colonia o en Colonias como esta, ya no se habla mucho de las horas extras. Las horas extras son una forma de pagar por el trabajo realizado como un incentivo para ser útil. Se usa en las Colonias de Socorro. Todo lo que se hace en una Colonia de estudio es por placer, por voluntad. Y se siente una inmensa gratitud por estar allí.

Solo aquellos que aspiran a saber, aman aprender, se realiza en una Colonia de Estudio. Para mí, fueron dos años de inmensa alegría, en los que tuve el placer de disfrutar la armonía de esta encantadora Colonia.

2.– Colonia Triángulo, Rosa y Cruz

Recordé las enseñanzas que escuché de mi padre y que solo entendí ahora, después de tanto estudio. Es una enseñanza sobre sintonización y unidad.

La oruga, en su agotadora peregrinación a través del suelo y las ramas buscando hojas, no descuida ni un segundo su unión con la naturaleza. Al final de su tiempo como oruga, busca un lugar adecuado, se encierra en sí misma y se entrega al Creador. Después del tiempo necesario, renace como una mariposa con una vida y acción completamente diferente de su vida anterior. ¡Qué fantástico! Qué ejemplo nos da esta hija de la naturaleza.

Con los hombres, los eventos se vuelven complejos. La mayoría tiene formas de dolor y sufrimiento. Perdemos nuestra melodía. Ya no sabemos cómo confiar en el Creador. Nos alejamos, y de esta manera estamos fragmentados, separados del centro común, que es Dios.

En consecuencia, nos aferramos a la forma actual, impermeable a modificaciones naturales. Solo con la ayuda de hermanos dedicados alcanzamos gradualmente estados que podrían alcanzarse casi de inmediato.

Con la muerte del cuerpo físico, si se rescata en Puestos de Socorro, llevamos con nosotros las costumbres, las adicciones, el acondicionamiento de alimentos y bebidas, incluso las supersticiones y el sectarismo religioso. Lo que la oruga hace inconscientemente, tenemos que realizar de manera consciente. Poco a poco, abandonamos la necesidad de alimentarnos, luego aprendemos a comunicarnos a través del lenguaje universal.

Yendo más allá, no necesitamos símbolos del lenguaje. Nos comunicamos con vibraciones mentales, acercándonos así al silencio verbal y mental, casi listos para escuchar lo que Dios tiene que decir en este silencio.

Se realizaron varias excursiones durante el curso a otras Colonias, Puestos de Socorro, al Umbral, hospitales, lugares que ya describí en el libro *"Viviendo en el Mundo de los Espíritus."* Me encantaron especialmente las excursiones a otras Colonias de Estudio y las del Plano Superior, donde pasamos horas de contacto agradable y quedamos embriagados de tanta belleza.

Fue una gran alegría para mi corazón visitar Colonia y Triángulo, Rosa y Cruz. Esta Colonia es un intermediario entre el Oriente y el Brasil. Es una Colonia habitada por orientales y brasileños, con el objetivo de un mayor aprendizaje entre las dos culturas, principalmente la sabiduría que une a Dios.

No es fácil describirlo para el encarnado. Es algo impresionante, bellezas que encantan. Está en el espacio en el centro del Brasil.

No lejos de la Colonia Nuestro Hogar (Colônia Nosso Lar), un poco más al norte. Esta Colonia se encuentra por vibración. Cuando quiera encontrarlo, uno se concentra y se siente atraído por ella.

Salimos a visitarla, nosotros, los cuarenta estudiantes, un instructor y un residente oriental de Triángulo que vino a acompañarnos.

Fuimos volitando de un lado al otro lado. A medida que nos acercábamos, volitamos lentamente para apreciar mejor el lugar. En el espacio donde está la Colonia, el cielo es más azul, el aire más puro y enrarecido. De lejos, Colonia parece un enorme castillo sobre las nubes. ¡Un encanto! El castillo es blanco y brilla como una estrella delicada.

– Parece que estoy viendo un castillo de cuento de hadas – dijo Hércules, un colega.

Estuvimos de acuerdo con él. A medida que nos acercábamos la vista del castillo era más hermosa. Triángulo, como se le llama, no tiene muro, los muros son los límites. No tiene protección ni dispositivos de defensa. Esta Colonia solo es vista, encontrada, por aquellos que vibran muy bien y saben cómo concentrarse para ser guiados por su vibración.

Su forma es de triángulo, teniendo a cada lado una puerta. Esta Colonia se parece al cristal, con el brillo y la blancura que dan reflejos de muchos colores suaves. En las paredes exteriores, hay dibujos en relieve e inscripciones. Son dibujos de figuras humanas en actitudes de oración y adoración al Padre. Esta Colonia es una copia de las antiguas, pero es una de las Colonias más actuales en el Oriente. Colonias que han existido durante milenios. Las inscripciones son orientales, algunas frases están en portugués. Frases que glorifican a Dios.

– Solo porque vi esto me siento satisfecha. ¡Qué maravilla! – exclamó Lúcia, otra compañera.

Tiene siete torres redondeadas, tres de las cuales son más altas. Sus techos están en un triángulo y son de tonos azules claros, también parecen estar hechos de cristal. Nos detuvimos frente a la puerta principal.

– Por favor, veamos un poco más – pidió Fábia extasiada.

Fue la voluntad de todos. Pasé la mano lentamente por la pared, sentí la sólida construcción y pude observar de cerca la delicadeza y la perfección de sus dibujos. La puerta es diferente de las que había visto en el mundo espiritual, es muy hermosa. No está hecha de ningún metal que el encarnado sepa, es difícil compararlo. Es grande y tiene un enorme emblema de formas perfectas diseñado por un excelente artista. El emblema es un blanco puro, ligeramente diferente del blanco que vi cuando encarné. Este emblema se destaca de tal manera que, al verlo, parece que solo lo vemos. Una persona encarnada, al verlo, pensaría que está hecho de piedras preciosas.

El oriental que nos acompañaba esperó tranquilamente a que observáramos el exterior del Triángulo. Cuando nos agrupamos nuevamente, mentalizó por algunos segundos y la puerta se abrió. Ciertamente sabían que estábamos allí, pero la puerta solo se abrió cuando el oriental lo mentalizó. Y nuestra primera lección sobre Triángulo fue dada por nuestro compañero.

– La puerta solo se abre o cierra por orden de la mente de uno de sus residentes.

– ¡Genial! La mente aquí es como un control remoto – exclamó Hyolanda.

– Un control de alta precisión que no falla – dijo nuestro instructor, sonriendo.

– ¿No oscurece aquí? Estaba a punto de ser de noche. Desde aquí puedes ver la noche justo ahí. ¿No está esta Colonia vinculada a la rotación de la Tierra? – preguntó Miriam, otro miembro del grupo.

– Sí – respondió aclarando nuestro instructor –. Triángulo está en la esfera que sigue la rotación de la Tierra. De hecho, desde aquí podemos ver el Sol y la noche con sus estrellas. Pero la claridad en la Colonia siempre es templada, siempre parece estar en una mañana soleada con un clima perfecto. No hay iluminación artificial. Sus constructores también hicieron iluminación, que es continuamente apoyada por sus habitantes.

Fuimos invitados a entrar. Cruzamos un hall o un gran espacio cubierto, todo en tonos azules. El piso con azulejos, o mosaicos, algo así, que formaba hermosos diseños. En las paredes, inscripciones y dibujos en relieve de flores y animales.

Nos detuvimos a mirar. Pido disculpas a los lectores por no poder describir tantas bellezas que el cerebro físico desconoce y no es posible hacerlo para ciertos objetos o cómo compararlos.

– ¡Qué verdaderas obras de arte! – exclamó Inés, encantada.

– Le damos un gran valor a lo bello, a la perfecta armonía del arte que viene inspirado por el Creador, para que todos al contemplar puedan hacer reverencia al Padre a quien le debemos todo: el oriental habló respetuosamente. Desde allí, pasamos a un patio al aire libre, con hermosos parterres redondos, con flores que no conocía. El piso entre estos parterres parece ser de pequeñas estrellas brillantes, que brillan de vez en cuando. Nunca había visto un jardín tan hermoso ni flores de tal encanto. Me acerqué a una flor que nos daba un ligero recordatorio de la nuestra rosa. Era una flor brillante, de color azul claro que emanaba un suave aroma.

– ¡Qué perfume tan delicioso! – Exclamé con admiración.

– Esta flor, Patricia – dijo nuestro instructor –, emana el perfume favorito de quién la huele. Es hermoso aquí, como todos los demás, desde la apertura de esta Colonia hace muchos años.

– ¡Qué maravilla!

Exclamé e intenté pasar mi mano sobre la flor, que se alejó, con la rama levantada hacia el otro lado.

– ¡Oh! – le dije en voz baja a ella –. No quiero hacerte daño. Disculpe, me atrevería a pasar los dedos sobre sus delicados pétalos.

La flor volvió a su lugar, se había alejado por su instinto más refinado. No me atreví a acercarme a ella. Las flores son para admirar, no para tocarlas. Por mí, ella nunca dejaría ese jardín, quedé encantada con sus plantas. Admiré cada flor con sus diferentes formas y colores armoniosos.

A continuación, el instructor nos invitó a entrar.

– Visitemos las salas de audiencia.

Los salones son de rara belleza, sencillos, con bellas imágenes en las paredes de Jesús enseñando. Debajo de las imágenes, extractos de los Evangelios, principalmente de Mateo, del Sermón de la Montaña.

Las macetas blancas siempre están presentes, encantando el medio ambiente. Los pasillos son de color amarillo claro. En uno de ellos, fuimos invitados a sentarnos en cómodos sillones y uno de los supervisores de la casa vino a alegrarnos con sus explicaciones.

– Bienvenidos a Triángulo, Rosa y Cruz, queridos invitados. Hizo una pausa y nos miró sonriendo. Era oriental, con una fisonomía tranquila, transmitiendo una paz que la hacía hermoso. Llevaba una túnica blanca con un emblema en el pecho, el mismo que vimos en la puerta. Muchos se visten así. Otros visten ropa occidental, pero predomina la ropa blanca.

– Primero, quiero informarle que esta Colonia no está vinculada a ninguna religión en la Tierra. Tiene este nombre porque tiene la forma de un triángulo. La rosa, el nombre de una flor que tomamos de la naturaleza en una bella manifestación de Dios. La cruz porque nosotros, los orientales, queremos profundizar en las enseñanzas cristianas.

Aquí nuestro objetivo es aportar nuestro mejores y reales conocimiento a la raza brasileña y aprender más de ella. Estamos aquí para servir, para trabajar entre los encarnados y los desencarnados. Y también para preparar a los brasileños occidentales para reencarnarse en el Oriente, llevando las enseñanzas cristianas a los países orientales. Ahora, si quieren hacer preguntas, siéntanse a gusto.

– Señor, por favor, ¿cómo debo dirigirme a usted? – preguntó Marystela. ¿Debería dirigirme a usted como maestro? ¿Padre?

– El maestro es quien enseña, el padre es quien guía. Aquí usamos mucho estas dos formas de tratamiento. Mi querida invitada, siéntase libre de dirigirse a mí como lo desee. Me llamo Chuan.

– Maestro – dijo Marystela, sonriendo – ¿ha estado aquí por mucho tiempo? ¿Pretende reencarnar? ¿Dónde ¿En el Brasil o en el Oriente?

– He estado aquí por mucho tiempo y debo permanecer por muchos años. No tengo fecha para reencarnar y debo volver al cuerpo físico en Brasil.

– ¿Los residentes se quedan aquí mucho tiempo? – preguntó Laura.

– Solo los supervisores se quedan más tiempo. La mayoría rota, se queda aquí y en las Colonias del Oriente. Muchos, después de un curso, reencarnan.

– ¿Los constructores de esta Colonia eran solo orientales? ¿Todavía están aquí? preguntó Inés.

– Sí, fueron los orientales quienes lo planearon y construyeron. La mayoría vino solo para este evento y regresó al Oriente. Algunos se quedaron y tres todavía están con nosotros.

– ¿Ha sido exitoso este intercambio? – preguntó Murilo.

– Sí, lo ha sido. Aunque nuestro trabajo es considerado como una gran plantación que en el futuro dará frutos dulces y sabios.

Como nadie preguntó más, Chuan concluyó.

– Aquí hemos tratado de deshacernos de todos los prejuicios. Todos debemos ser iguales y luchar por nuestra mejora. Tanto es así que el consejero general de esta casa nos ha dado numerosos ejemplos de amabilidad y dedicación. Esta Colonia fue construida para intercambiar las dos razas y sacar lo mejor de ella por el bien de todos nosotros. Los orientales que quieren reencarnarse en el Brasil, aquí toman cursos de idiomas y costumbres para mejor orientación. También guiamos a los brasileños que quieren reencarnarse en el Oriente. Nuestro objetivo principal es realizarnos internamente, guiar a otros a hacerlo con nuestros ejemplos.

Todos somos hermanos, debemos aprender a amarnos a nosotros mismos como tales.

– ¡Qué linda charla! exclamó Lucía. Es tan sencillo y cautivador que pude escucharlo durante muchas horas.

Estuvimos de acuerdo con ella, pero nuestra visita tuvo que continuar.

El horario ya está organizado. Fuimos a ver otra sala, la sala de música. Se escuchó una melodía suave y delicada. Muchos de los residentes estaban disfrutando de su tiempo libre escuchando melodías tan encantadoras. Es una sala diferente y agradable, con bellas imágenes en la pared que ensalzan la música. Solo se escuchan canciones del mundo espiritual.

Cuando pasamos por el patio, vimos un grupo de encarnados entrando al salón. Los admiramos, sorprendidos. Algunos estaban extasiados con tantas bellezas, otros, quizás acostumbrados, eran normalmente, una minoría la que parecía un poco ajena. El oriental que nos acompañó aclaró.

– Son encarnados afiliados a nuestra Colonia. Sus cuerpos psíquicos están dormidos. Siempre estamos recibiendo grupos de encarnados. Aquí los traen para recibir orientación e incentivos.

– ¿Todos los afiliados de Triángulo tienen éxito en sus encarnaciones? – preguntó Murilo.

– Nos gustaría que todos tuvieran éxito. La lucha es igual para todos. Desafortunadamente, hay quienes fallan ante las dificultades en el plano físico.

El silencio de esta Colonia es divino. No hay ruido cuando se camina. Se habla poco. Las conversaciones de grupos de visitantes casi siempre se escuchan. Entre los residentes, solo se usa la telepatía, la comunicación por pensamiento.

Fuimos a visitar la biblioteca de la Colonia. Grande, espaciosa y tranquila. No se escuchaba nada, con nuestra presencia se rompió el silencio debido a algunas expresiones de sorpresa y algunas preguntas. Sus estantes están trabajados, están hechos del mismo material que el Triángulo. Se ve como el cristal. Hay pocos libros sobre literatura brasileña. La mayoría de los libros son religiosos y de cultura general. El resto de los libros son orientales. Algunos están traducidos. Hay libros raros, algunos grandes, otros sobre papiro. Ellos son copias de libros encontrados en las Colonias orientales. Desafortunadamente no tendríamos tiempo de leerlos, solo vimos. La biblioteca del Triángulo es un lugar encantador.

Subimos algunas torres. ¡Son tan hermosas! Pudimos ampliar nuestra visión, y vimos la Tierra desde lejos y de cerca como si estuviéramos en un avión, volando muy bajo. Para subir a la torre, se volita lentamente.

Luego, fuimos a ver, en el lado derecho, un ala llamada Hogar de Reposo.

– Aquí están los recién desencarnados que están afiliados a Colonia del Triángulo. Donde se quedan por un tiempo determinado.

– ¿Todos los miembros son rescatados y traídos aquí poco después de la muerte del cuerpo? – preguntó Jorge Luís.

– No. Desafortunadamente, solo aquellos que lo merecen son rescatados después de la muerte del cuerpo y recogidos en el Hogar de Reposo. Hay quienes fracasaron, estos tienen afinidad por los lugares a los cuales tienen derecho. Pero todos los miembros reciben nuestra ayuda. Tan pronto como sea posible, estos afiliados se orientan, a veces, durante cierto tiempo, en otras Colonias. Cuando están en forma, los llevamos a casa.

Esta parte nos recuerda el alojamiento en las muchas Colonias de Socorro. Todo es sencillo y con muchas flores. Allí vimos agua, en una fuente pequeña y encantadora que, además de embellecer, sirve a los huéspedes como alimento fluidificado, nuestro acompañante aclaró.

– Es la única comida que tenemos en Colonia y está aquí en el Hogar de Reposo porque los alojados aquí necesitan esta nutrición. El resto de los habitantes de la Colonia no usan agua ni plantas. Se mantienen con el fluido vital del Creador.

El agua es la misma que la de la Colonia de Estudio. No moja, es clara.

La fuente está hecha de cristal o algo que se puede comparar solo para que los encarnados tengan una idea. Es de color verde claro, tiene una forma sencilla. A los recién llegados les gusta sentarse a su alrededor. Uno de ellos nos dijo:

– Solo ver la fuente me hace sentir alimentado.

Esta ala tiene alojamientos donde descansan los internos.

Pasamos cuarenta y siete horas visitando la Colonia, escuchando conferencias y quedamos encantados con todo. Observamos desde el techo, sus paredes, el piso, sus flores, pinturas, todo nos sorprendió.

Solo los espíritus que están en las Colonias de Estudio pueden visitar este tipo de Colonias. Individuos más iluminados y completamente construidos con el mundo espiritual. Fuera del Hogar de Reposo nadie se alimenta ni hace ejercicios para alimentarse, ya que esto ocurre automáticamente. No hay necesidad de descansar. Aprendimos estos detalles en la Colonia de Estudio. En los primeros meses de estudio, ni siquiera después de las excursiones en el Umbral, necesitábamos descanso o nutrición.

Ha llegado el momento de decir adiós. Saludos de paz

Eran mentales, los vimos sonriendo, inclinando la cabeza. Cuando atravesamos la puerta, nos acercamos el uno al otro. Yo miré; hacia atrás, el Triángulo realmente parece un castillo de hadas... La excursión fue maravillosa. Cuarenta y siete horas de sublime encantamiento que permanecerán para siempre en mi memoria periespiritual. ¡Alegría!

3.– Recordando el Pasado

Frederico, mi amigo desde los primeros días de la desencarnación, siempre venía a visitarme. Hablábamos tranquilamente por los jardines de la Colonia de estudio. Sabía que éramos amigos de otras encarnaciones. Somos espíritus afines y siempre es bueno tenerlo como compañía. Mi pasado, la experiencia de otras encarnaciones, viene a mi mente, primero en pequeños segmentos, luego en piezas más grandes hasta formar un complicado juego de rompecabezas. En una de estas conversaciones con él, le pregunté:

– Frederico, recuerdo momentos de mi encarnación anterior de los que sé que eres parte. Me gustaría recordarlo todo. ¿Me ayudarías?

– Quien recuerda solo está apto para hacerlo. El pasado a nosotros pertenece. Cada encarnación es una caja cerrada en nuestro cerebro espiritual. Basta abrirla para recordarlo. Muchos lo hacen solos, ya sea encarnados o desencarnados, otros necesitan ayuda. De hecho, Patricia, soy parte de tu pasado. Te ayudaré a completar tu rompecabezas.

Me miró con calma, pero profundamente. Los recuerdos vinieron en secuencia como una película que se reprodujo en mi propia mente.

Vivía feliz con mi familia en una pequeña y sencilla ciudad. Mi madre tenía el mismo espíritu que Anézia, quien es mi madre en este caso. Éramos pobres pero trabajadores. Romántica, soñaba con mi príncipe azul. Un día, cuando visité a mi padrino, un hombre rico de la región, dueño de muchas propiedades, conocí a Frederico, un joven médico, muy guapo, rubio con rasgos finos, una sonrisa abierta, que vivía en la ciudad vecina. Se estaba quedando en la casa de mi padrino, eran conocidos, había venido a visitarlos. Había cumplido dieciséis años en ese momento y nunca había salido. Cuando lo miré, cuando nos presentaron, mi corazón se aceleró, el viejo amor de otras existencias resurgió fuerte. Frederico también me amó tan pronto como me vio. Hablamos, luego me acompañó a mi casa. Acordamos encontrarnos al día siguiente por la tarde. Después de una semana de citas ocultas, Frederico vino a mi casa y le pidió permiso a mi padre para salir conmigo.

– ¡Eres hermosa, Roseléa! – dijo enamorado. Me llamaba Roseléa en la existencia anterior, curiosamente tenía los mismos rasgos que tuve en esta encarnación y que tengo ahora. Era rubia, alta, delgada y con ojos azules.

Días después, Frederico tuvo que regresar a su ciudad, pero él siempre venía a verme. Enamorados, decidimos casarnos. Pero surgieron problemas, yo era pobre y él era rico y era hijo único. Su padre era un granjero rico y no aceptó nuestra relación.

– Roseléa – dijo Frederico –, mis padres no quieren que me case contigo. Desean para mí una mujer joven de nuestro nivel social. Pero te amo e insistí. Estuvieron de acuerdo, solo que exigieron que te alejara de tu familia y después de nuestro matrimonio viviremos con mis padres.

– Frederico, no puedo dejar a mi familia. Yo los amo.

– Si queremos ser felices, necesitamos hacer algún sacrificio. De lo contrario, nuestro amor será imposible. Soy hijo único, tú tienes muchos hermanos, tus padres no te extrañarán tanto.

Cuéntales la propuesta de mis padres, siento que lo entenderán. En este mundo, siempre tenemos que renunciar a algo para ser felices.

– Pero esta "cosa" es mi familia – dije indignada.

– Podrás mantenerte en contacto, te traeré una vez al año para verlos. Solo ellos no podrán visitarnos.

El hecho es que amaba a Frederico y no quería perderlo. Hablé con mis padres y ellos, aunque tristes, estuvieron de acuerdo. Fui a conocer a los padres de Frederico. No les caía bien y no me caían bien, pero hice todo lo posible para complacerlos. Los padres de Frederico eran educados, ricos, vivía en una gran mansión que incluso me daba miedo. Amaban demasiado a su hijo y no sabían cómo negarle nada, por lo que aceptaron nuestro matrimonio. Nos casamos en la capilla de su casa, en una ceremonia sencilla a la que no asistieron ninguno de mis familiares. Frederico y yo éramos felices, estábamos juntos, era todo lo que queríamos. Fue hermoso, el día de nuestra boda, llevaba un atuendo que mi suegra había mandado a hacer para mí.

Teníamos una hermosa habitación como dormitorio, era el lugar de la casa donde me sentía a gusto. Me sentía avergonzada cuando estaba cerca de mis suegros, incluso ante los empleados, para todos era una extraña que estaba allí para educarse. Hice todo lo posible para conquistarlos, sencillamente me toleraban. Cerca de Frederico seguían siendo educados, lejos de mi marido, eran irónicos y siempre me criticaban, recordando mi condición social inferior.

Me aislé más y más en nuestra habitación. Para no quedarme sola y sin hacer nada, comencé a ayudar a Frederico como enfermera. Aprendí rápido y me convertí en una buena ayudante. Me animé más con el tiempo. Me gustaba ayudarlo. Frederico era un buen médico, había estudiado medicina en Francia, era atento y amaba a todos. Siempre me trató con cariño. A veces me molestaba la indiferencia de sus padres hacia mí, pero creía que terminarían por aceptarme tan pronto como tuviéramos hijos.

Durante el tiempo que estuve casada, solo vi a los miembros de mi familia dos veces en visitas rápidas, pero nos correspondíamos regularmente. Dos años después de mi matrimonio, mi suegra desencarnó.

Pensé que mi vida iba a mejorar, porque ella era la que más me ofendía y estaba celosa de mí, pero no. Mi suegro, el Sr. Nicásio, quería nietos. Y comenzó a presionarnos a diario. quería que la familia continuara, quería herederos. Porque, si Frederico no tenía hijos, la fortuna iría a parientes indeseables. Frederico y yo también queríamos hijos. La presión fue tal que estaba desesperada y no pude quedar embarazada.

Ayudando a Frederico, vi lo bueno y caritativo que era, se hizo cargo de los pobres y ex esclavos sin cobrarles e incluso les dio medicinas y alimentos. Yo lo amaba mucho, pero no era feliz. Extrañaba a mi familia, mi hogar, no me sentía bien en esa enorme mansión. Tenía mucho miedo de no quedar embarazada y, además, porque Frederico era muy celoso, no le gustaba que hablara con nadie.

Después de casi cuatro años de casados, iba a cumplir veintidós años, sucedieron nuevos hechos. Vinieron a visitarnos y los padrinos de Frederico se quedaron con nosotros con un par de niños. La hija mayor, Hortencia, era una niña muy educada, instruida y muy hermosa. Tan pronto como llegaron, la pareja se enfermó. Al principio parecía una gripe grave. Sin embargo, Frederico descubrió que era difteria. La difteria no tenía cura en ese momento y casi siempre conducía a la muerte. Frederico los aisló en una parte de la casa y exigió que su ama María y yo fuéramos a cuidarlos. María era una mujer negra, ex esclava que siempre los cuidaba, las dos eran muy amigas. Yo no quería ir, pero Frederico insistió, eran los enfermos quienes eran nuestros invitados y sus padrinos. Yo era la persona adecuada, ya que había aprendido mucho trabajando con él. Mi suegro se entrometió en la conversación y dijo con ironía:

—Ni siquiera puedes darme nietos, ve y haz algo útil.

Accedí contra mi voluntad. María y yo tomamos todas las precauciones no contraer la enfermedad. El hijo, un muchacho de dieciséis años, también se enfermó. Después de unos días de enfermedad, la pareja murió. Hortencia estaba triste y Frederico le prestaba mucha atención, yo me sentía celosa. Yo estaba cuidando al niño, cuando sentí, aterrorizada, los síntomas de la enfermedad. Me enfermé María nos cuidó a mí y al niño con el afecto habitual. Frederico vino a verme varias veces al día, siempre preocupado. Mi suegro no me visitó. A veces, Hortencia venía a ver a su hermano. Estaba triste, acongojada y Frederico la estaba consolando. La odiaba. Ella sí – pensé - era la nuera deseada, la esposa que un médico merecía. Pensé que Frederico se había arrepentido de haberse casado conmigo, que me había encargado cuidar a los enfermos para que me enfermase y así él quedase libre. Me sentí dolida con mi esposo, lo culpaba por haberme enfermado. Sentí mucho dolor físico, pero el dolor moral y la ira fueran mayores. Me sentí despreciada y sola. Desencarné con gran agonía, con odio por Hortencia y Frederico.

Fui atraída por el Umbral por vibrar por igual. Estaba disgustada por haberme desencarnado de joven, no recordaba a Dios ni rezaba.

Durante muchos años deambulé con resentimiento en el Umbral. Hasta que un día un hombre me dijo:

– ¿No eres Roseléa, la nuera de Nicásio, ese verdugo?

– Lo soy.

– ¿Por qué estás aquí? ¿Te gustaba tu suegro?

– No.

– ¿No quieres ir a tu hogar terrenal? Las cosas han cambiado por allí.

– ¿Puedo irme a casa? No sé cómo.

– Te llevaré, pero si prometes ayudarme a vengarte de Nicásio.

– Lo prometo.

Entonces fui llevada por él a mi antiguo hogar. Cuando vagaba perdí la noción del tiempo, a veces pensé que era mucho tiempo, otras veces, solo meses. Es horrible pasear por el Umbral. Me sorprendió mucho ver a mi ex familia. Frederico estaba casado con Hortencia y tenían tres hijos, el mayor, un niño de nueve años llamado Nicásio, como su abuelo, y dos niñas, de siete y cinco años. Todos se veían muy felices. Frederico y mi ex suegro amaban al pequeño Nicásio. Yo los odiaba a todos.

– ¡Entonces realmente él me ordenó cuidar a los enfermos para que yo muriese! – Me quejé rencorosamente –. Él quería casarse con Hortencia y tener hijos.

Los otros espíritus que estaban allí eran ocho, querían vengarse de mi ex suegro. Él no era una buena persona, hizo muchas cosas que Frederico no sabía. Animado por ellos, decidí vengarme.

Elegí al hijo de Frederico para obsesarlo, era sensible, un médium. Lo elegí porque pensé que, haciendo sufrir al muchacho, mi ex suegro, Frederico y Hortencia, sufrirían juntos. Tuve razón.

Inmediatamente comencé a ejecutar mi plan de venganza. Me pegué a él. Pronto el pequeño Nicásio se postró, se enfermó. Frederico preocupado no encontró la causa de su debilidad. El chico fue empeorando. Lo llevaran a otros médicos, a ciudades más grandes, tomó muchos medicamentos y siempre empeoraba. Estuve allí dos años sin dejarlo un segundo. Intercambiando energías con el chico, me sentí mejor y más emocionada. Tenía el objetivo de vengarme y fui alentada y aplaudida por otros, quienes tanto como yo querían la infelicidad de los residentes de la casa, especialmente el Sr. Nicásio. Para aumentar mi venganza, narraron en detalle las desgracias que sufrieran a causa del abuelo del niño. Allí estaban solo unos cuantos a quienes él les había hecho cosas terribles, muchos lo perdonaran. Eran ex esclavos, colonos, pequeños terratenientes, incluso una mujer que fue seducida y abandonada por él. Nuestra estadía se hizo fácil porque en ese hogar no había religión, no era costumbre rezar, y si se rezaban, era de memoria, sin ser sentida.

Reía, nos reíamos con la preocupación de Hortencia, con la tristeza de Frederico y con la desesperación de mi ex suegro quien me había despreciado tanto. Todo parecía normal hasta que el pequeño Nicásio contrajo difteria. Me asusté. Tenía un verdadero horror hacia esa enfermedad. Vi a Frederico desesperado, examinando a su hijo y diciendo:

– ¡No, otra vez! Difteria, enfermedad ingrata que me quita el amor. ¡Primero mi amada esposa, ahora mi hijo!

Dejé al niño, pero no a la casa. Me asusté por primera vez, razoné sobre el daño que estaba haciendo. Me arrepentí. Pedí ayuda a los espíritus que estaban allí. Quería curar al niño. No quería su muerte ni la de nadie más.

– ¡Ayúdame, por favor! ¡No puedes dejarlo morir! ¡Piedad! – Exclamé llorando.

– Ahora, ¿qué crees que somos? – me dijo uno de ellos –. Solo Dios puede hacer lo que le pide. ¿Crees que lo mataste? No de nada eso. Todos mueren porque tienen que morir.

Solo Dios – pensé –. Solo Dios para ayudar. Pero ¿cómo encontrarlo? ¿Cómo preguntarle?

El niño empeoró y desencarnó tranquilo. Me sorprendió, porque él no se quedó allí. Vimos, los espíritus obsesivos y yo, como una luz maravillosa se lo llevaba. Fue rescatado cuando desencarnó.

Yo sufrí mucho. Salí de esa casa, regresé al Umbral. Gritaba sin parar: "¡Soy una asesina! ¡Soy una asesina!" Cómo me arrepentí de haber regresado a esa casa. Hice sufrir a un inocente y él desencarnó. Pensaba en eso todo el tiempo. Cómo sufrí. El remordimiento es como un fuego que arde sin descansar. Caminé de un lugar a otro en el Umbral sin descanso, llorando desesperadamente y repitiendo: "¡Soy una asesina! Ahora entiendo a aquellos que sufren y deambulan por el Umbral. Sufres tanto que no puedes compararlo con ningún sufrimiento que hayas tenido cuando encarnado. En ese momento, cuando deambulaba, no recordaba a Dios, no quería hacerlo, sentía una vergüenza inmensa. Pensé que era indigna incluso de pronunciar su nombre. Casi siempre encontramos dos tipos de enfermos en el Umbral. Uno, como yo, con remordimiento destructivo, encontrándome indigno, merecedor de castigo y vergüenza. Otros que se rebelan, piensan que no merecen castigo, blasfeman y odian. Todos son infelices y necesitan ayuda. Los que sufren, pero recuerdan a Dios, piden perdón, estos son más fáciles de ayudar.

Un día, cuando estaba desolado, escuché:

– ¡Señora, por favor!

No he escuchado a nadie referirse a mí en términos tan suaves y educados durante mucho tiempo. Me di vuelta y miré. Vi una luz suave, presté más atención, vi una figura, sin distinguir quién era.

– Quiero hablar contigo, ven aquí, por favor, acércate.

Fui, nos sentamos en una roca. Dejé de gritar, me quedé callada como por encanto. En ese momento, sentí los fluidos de armonía que el visitante me donó. Hablé en un tono normal y pregunté.

– ¿Me conoces?

– ¿No quieres hablar un poco sobre ti? ¿Por qué estás tan triste?

– No sé si debería... No estoy triste, estoy desesperada, ¡sufro tanto!

Me tomó la mano. Por primera vez desde que desencarné sentí un poco de paz.

– Háblame de ti. ¿Qué te pasa?

Comencé a hablar, ya que esa figura parecía interesada, narré toda mi vida. A veces lloraba, pero mi llanto esta vez fue tranquilo y sufrido. Por un momento, la figura pasó su mano, con inmenso afecto, sobre mi cabeza. Me di cuenta de que la figura era de baja estatura. Un niño tal vez. No omití nada, contarlo todo me alivió un poco. Cuando terminé, me dijo:

– ¿Por qué te atormentas así? Sabes que no es posible que un desencarnado mate a un encarnado. Lo obsesaste, pero fue porque él aceptó. El pequeño Nicásio tuvo como lección para pasar por todo esto. ¿Por qué no le pides perdón a Dios y a él? Estoy seguro de que, si eres sincera, ambos te perdonarán.

– Tengo vergüenza. ¿Cómo puedo pedir el perdón de Dios que es tan bueno y justo por mi feo crimen? Y Nicásio, ¿cómo encontrarlo? No me lo perdonaría.

– Sí perdonaría.

– ¿Cómo sabes?

– Porque soy Nicásio.

Fue entonces cuando lo vi. El pequeño Nicásio lucía hermoso, sonriente y tranquilo. Me miró sereno. Quería correr, pero él me apretó la mano.

– ¡No huyas! Quédate a mi lado. Quiero tanto seguir hablando contigo.

– Tengo vergüenza.

Se hizo un silencio. Bajé la cabeza, pero lentamente lo miré. Continuó mirándome sonriendo.

– ¿No me odias? – Me atreví a preguntar.

– No. No tengo odio, prefiero cultivar el amor. Es mucho mejor.

– Sí, debe serlo – dije en voz baja. Y pensé: – Mientras odiaba y sufría, él amaba y era feliz.

– ¿Por qué no te perdonas? No harías nada de lo que hiciste de nuevo, ¿verdad?

– ¡No! ¡No lo haría! – Empecé a llorar.

Nicásio esperó a que me calmara y luego dijo:

– Fuiste imprudente, pero no mala. No tengo nada contra ti. Quiero ayudarte.

– No merezco ayuda, pero sí, sufrir.

– Ya sufriste y mucho. ¿Me permitirías abrazarte?

Me abrazó con cariño. Sentí su fluido. Me arrodillé a sus pies.

– Nicásio, por el amor de Dios, ¡perdóname!

– ¡Te perdono! Ven conmigo.

Me levantó con cariño. Lo seguí de la mano. Me llevó a un Puesto de Socorro. Qué bien me sentí en ese lugar de asistencia. Agradecida, fui obediente, ya no grité, solo lloré de arrepentimiento. Nicásio vino a verme siempre, su sincero cariño y su amabilidad me ayudaran mucho. Pronto me puse mejor. Cuando me dieran de alta del Puesto de Socorro, fui a una Colonia para aprender y trabajar. Un día, Nicásio me llevó a mi antigua casa.

Allí, nos esperaba Hortencia, que también había desencarnado dos años después del hijo. Al verla, me avergoncé. Qué triste es enfrentar a aquellos a quienes hemos perjudicado. Pero ella me abrazó con tanto cariño que pronto me sentí a gusto. Nos sentamos en el porche para hablar.

– Roseléa, tu odio, tu rencor no tenía razón de ser, si hubieras tratado de entender, comprender, todo te hubiera sido más fácil. Frederico siempre te ha amado. El remordimiento lo ha castigado mucho. No lo hizo por maldad o con la intención de dañarte. Pensó que por tener el conocimiento de una enfermera y ser muy fuerte no te enfermarías. ¡Sufrió mucho con tu desencarnación! Más tarde nos casamos por conveniencia. Nosotros solo fuimos amigos. Siempre he estado enamorada de otro hombre. Adolescente, me enamoré de un joven pobre, y nos veíamos a escondidas. Mi padre, al enterarse, lo mató. Yo sufrí mucho. Cuando mis padres y mi hermano fallecieron, estaba sola. Frederico y yo nos consolamos el uno al otro.

Nos casamos para tener hijos. Tuvimos una vida pacífica y siempre hablábamos de nuestros amores. Pero, Roseléa, sufrí mucho con todo y por todos.

Lloré suavemente. Ahora ya no me sentía perturbada, pero el remordimiento no me dejó. Vi cuan imprudente fui. Hortencia sufrió mucho y agravé su sufrimiento obsesando a su hijo.

– Perdóname, Hortencia.

Ella me abrazó amorosamente.

Volver a ver a Frederico me conmovió mucho. Entendí que él siempre me amó. Quedó viudo dos veces y no pensó en volver a casarse, de hecho, no lo hizo. Amaba y se dedicaba cada vez más a la Medicina. El sótano de la casa era un pequeño hospital lleno de pacientes pobres. El Sr. Nicásio estaba loco por la muerte de su nieto, a quien adoraba, y los obsesores pudieron atormentarlo. Quería ayudarlo. Animado por Hortencia y el niño Nicásio, me hice visible para los obsesores, les pregunté, les rogué que lo perdonaran y vinieran con nosotros. Me prestaron atención, sentí que estaban interesados, algunos vinieron, otros no. A menudo acudía a ellos e intentaba ayudarlos, al igual que a mi ex suegro. Lo poco que hice me hizo feliz. Después de muchas conversaciones, todos los obsesores vinieron con nosotros. Pero el Sr. Nicásio tuvo una cosecha dolorosa, sembró muchos males. Cuando desencarnó, el nieto pudo ayudarlo. Le tomó un tiempo recuperarse.

– Ya sabes, Roseléa – dijo el pequeño Nicásio una vez –. Si me obsesaste fue porque acepté. Por un error del pasado, tuve que cosechar una dolorosa lección. Por mi elección, me enfermaría y desencarnaría joven. Debido a que yo fui un obsesor, cuando desencarnado, quise pasar por una obsesión para valorar la tranquilidad de los demás. Si no fuera por ti, sería uno de los obsesores de mi abuelo.

Aprendí mucho en esta corta existencia. Ahora estoy feliz. Qué bueno es sentirse bien incluso con nosotros mismos y con nuestra conciencia.

Frederico dedicó toda su vida a la medicina y a sus dos hijas. Desencarnó viejo.

El tiempo había pasado. Tenía ganas de reencarnar, estando apta, pedí reencarnar como una bendición para olvidar y tener un nuevo comienzo. Mi madre, reencarnada, iba a quedar embarazada. El Plano Espiritual provocó un encuentro entre nosotros dos. Le pedí que me aceptara como hija, le dije que para aprender desencarnaría joven. Mi madre aceptó, me amó, me ama.

A través de la programación que elegí, iba a pasar lo que el pequeño Nicásio pasó. Reencarnaría en un hogar feliz, siendo adolescente me enfermaría, iría de médico en médico, sufriría una enfermedad incurable y desencarnaría. Incluso antes de que Frederico falleciera, reencarné. Hortencia y el pequeño Nicásio se habían reencarnado.

Pero no iba a encontrarlos, íbamos a reencarnar en diferentes lugares. Los recuerdos terminaron. Me limpié las lágrimas de la cara, los recuerdos siempre son dolorosos para nosotros. Pero me dieron un alivio. Ahora lo sabía todo. Miré a Frederico que estaba callado, siguiendo mis recuerdos. Me miró sonriendo y concluyó:

– Patricia, después de que desencarnaste, viví de recuerdos. Me casé con Hortencia, porque quería dar continuación a la familia, siempre fuimos amigos. Mi encarnación tampoco fue fácil. Cuidé a mis hijas, fueron felices, se casaron y siempre estuvieron conmigo. Trabajé duro y fui un buen médico. Cuando desencarné, fui rescatado y pronto estuve bien. Nunca dejé de estar contigo.

– Frederico, ¿no estarías enfermo?

- Me desencarné con salud.

– Patricia, las enfermedades son miasmas negativos que se queman por dolor o por amabilidad, por sinceridad, por transformación interna para mejorar. Quemaste estos miasmas por la segunda opción. Has sido transformada internamente para mejor. Y tu cuerpo no se enfermó.

– Frederico, cuando era pequeña tuve difteria. Sané, la enfermedad no tuvo consecuencias.

– Trajiste con remordimiento los miasmas de la enfermedad en el periespíritu que transmitiste al cuerpo.

– Remordimiento por tener al pequeño Nicásio desencarnado con esta enfermedad. También porque, cuando la tuve, no la acepté, siento que necesitaba desencarnar de esa manera. Sufrí la enfermedad, pero la no aceptación no permitió que quemara todos los miasmas que traje conmigo.

– Tú, en la encarnación anterior, como Roseléa, desencarnarías joven, íbamos a separarnos para un aprendizaje necesario por los errores cometidos anteriormente.

– ¿Hemos estado juntos más a menudo?

– Sí.

En ese momento, saber esto fue suficiente para mí. Medité sobre todo y le pregunté a Frederico, una última pregunta.

– No me enfermé, ¿no podría haber estado encarnada más tiempo?

– Tú no quisiste. Quien va a la Tierra por encarnación y regresa en el momento adecuado, puede sentirse feliz. Tu cuerpo era una prisión que has bendecido y valorado. Con el paso del tiempo, tu absolución fue justa.

Frederico me dejó en mi oficina. Pensé mucho en todo lo que recordaba y deseaba ver al pequeño Nicásio. En la primera oportunidad, le pregunté a Frederico, quien me respondió. Establecimos el día y la hora para que pudiera visitarlo.

En el día señalado, regresamos a la Tierra. Bajamos en una ciudad del interior muy sencilla y agradable. Entramos en una casa hermosa y confortable.

– Aquí está Hortencia – dijo Frederico -. Está casada con su eterno amor, el joven que su padre había matado en el pasado.

Nuestra Hortencia, que actualmente tiene otro nombre, es feliz y tiene un hermano menor, Nicásio, que ahora se llama Nelson. Vamos, vamos a verlo.

Para mi sorpresa, entramos en un Centro Espírita sencillo pero agradable. Lo reconocí tan pronto como lo vi. Es un hombre joven aun, muy hermoso, con fisonomía delicada. Estaba rezando atentamente. Me acerqué a él, me arrodillé a su lado y besé sus manos.

Frederico me tomó de la mano y me levantó.

– Veamos la sesión. Quedémonos aquí. Nelson ahora trabajará. Es médico de profesión y dentro del Espiritismo es un médium activo.

Me sentí avergonzada de mi arrebato. Me quedé tranquila en el lugar indicado. La reunión de la noche fue muy hermosa y fructífera. Al final, Frederico incorporó la ayuda, asesorando a las personas presentes.

Nelson estaba emocionado. Le encantaba ese espíritu, un médico llamado Frederico que regularmente iba al Centro Espírita para ayudar a todos. Ya no me atrevía a acercarme a Nelson. Cuando terminó, Frederico fue abrazado y saludado por las personas desencarnadas de la casa. Poco después, me pidió que me fuera.

– Frederico – dije –, cómo me gustaría ayudar a Nelson. Cómo retribuir lo que hizo por mí.

– Patricia, Nelson no necesita esta ayuda paternalista que pretendes darle. Es un espíritu que crece y progresa. Entonces Patricia, quien perdonó no necesita ayuda. Podrías, porque te sientes en deuda, no tiene razón de ser, querer hacer lo que le corresponde a él. Nelson es bueno correcto, lucha y crece, tal vez porque los problemas que surgen los resuelve él.

Sí, puedes seguir el ejemplo que te dio y hacer el bien para aquellos que necesitan ayuda No siempre es posible devolver el bien recibido a nuestro benefactor. Pero, como nos fue hecho, debemos hacer a los demás.

Lo comprendí.

Mi gratitud por el pequeño Nicásio, por Nelson, es genial.

Aprendí a revertir mi gratitud en las vibraciones amorosas que le envío todos los días. Con Nelson aprendí que siempre debemos hacer el bien, incluso a aquellos que nos han hecho daño. Porque el bien hecho por nosotros regresa, haciéndonos autosuficientes y haciéndonos más y más útiles.

El pasado está en nosotros y no podemos, cambiarlo, aunque sea un poco. Pero podemos aprender lecciones para el futuro y comprender el presente. Los recuerdos me hicieron más agradecida y pude entender a los que sufren, especialmente a los que deambulan por el Umbral, a los que se consumen en el remordimiento. Me motivaron a ser mejor en el futuro. Del pasado, debemos aprender solo lecciones que nos ayudarán a progresar siempre.

4.– La Casa del Escritor

Qué placer nos da hacer un trabajo sin esperar o condicionado al pago, o gracias de otros.

Hasta entonces, desde mi desencarnación, había recibido amor, afecto, conocimiento y una oportunidad tras otra.

Cada vez que terminaba un curso, mis amigos fraternos ya proporcionaban otro. Me sentí feliz y ansioso por transmitir esta felicidad a otras personas, gritarle al mundo todo lo que sabía y vivía, soñando con la hipótesis de que todos aceptarían lo que dije, compartiendo conmigo toda la alegría y la felicidad que tuve.

El curso en la Colonia Casa del Saber terminó con el mismo ambiente de alegría y armonía que se produjo en su curso. Cada uno de nosotros, ahora, debería hacer una actividad diferente, muchos iban a ser instructores en las Colonias de Socorro. Nos felicitamos mutuamente, estábamos felices de haber completado otra etapa de nuestra experiencia espiritual.

Particularmente, me sentía radiante. La Casa del Saber estaría siempre en mis recuerdos y siempre volvería allí para volver a ver a mis maestros y la Colonia. Siempre nos encontrábamos con amigos. Los más cercanos intercambiaron información sobre dónde volverían a encontrarse. (Llamamos Colonias de Estudio a aquellas donde solo hay escuelas. Las Colonias de Socorro son aquellas donde también hay hospitales y donde se interna a los recién rescatados, como la Colonia de San Sebastián que ya he descrito en libros anteriores y la conocida Colonia Nuestro Hogar -Colônia Nosso Lar -).

En una ceremonia sencilla, pero agradable, nos despedimos. Fui a visitar la Colonia de San Sebastián y me quedé en la casa de la abuela.

Vi a mis amigos otra vez. Qué lindo es estar con aquellos que amamos, intercambiar ideas e información. Pude estar cerca de mis violetas que todavía continuaban hermosas y floridas. Siempre siento mucha paz cuando estoy con ellas. Son un pedacito de mi madre a mi lado. Yo disfruté los días libres que tuve para ver también a amigos y familiares encarnados.

Pronto comenzaría una nueva actividad, recordé una conversación agradable que tuve previamente con mi amigo António Carlos.

Siempre me animaba a dedicarme a la literatura.

– Patricia, escribe tus experiencias a los encarnados – dijo con entusiasmo –. Aprenderás mucho de este trabajo. Con tu narración, brindarás una lectura edificante a los encarnados gusten de ella, contando cuál es la experiencia en el mundo de los espíritus de una persona que, encarnada, fue un espírita ferviente y practicante. Con tu ejemplo, alentarás a los buenos espíritus. Los responsables de la espiritualidad de la difusión de la Doctrina Espírita tienen como objetivo enviar a los encarnados relatos de un desencarnado que tenía conocimiento del Espiritismo, cuando estaba en el cuerpo físico. Estos escritos mostrarán lo fácil que es desencarnar y adaptarse a aquellos que regresan a la Patria Espiritual con verdadero conocimiento y libres de errores. Los buenos espíritas necesitan motivación y confirmación de la enseñanza que se encuentra en *El Evangelio según el Espiritismo*, en el capítulo XVIII: "Por lo tanto, a los espíritas se les pedirá mucho, porque reciben mucho, pero también a aquellos que supieron aprovechar las enseñanzas, mucho será dado."

– Bueno, si realmente crees que debería intentarlo, necesito aprender, porque sé que la buena voluntad no es suficiente para hacer algo bien hecho.

– Es correcto. Necesitas aprender, estudiar para hacer este trabajo. No debe hacerse sin esta preparación, ni la autorización de los espíritus a cargo de este sector. Ya tienes entrenamiento al dictar mensajes a tus padres, en este momento, entrenaste. Este entrenamiento es para la mejor conexión entre el médium y el desencarnado que escribirá o dictará.

– ¿Todos los que dictan libros a través de la psicografía hacen este estudio?

– Debería ser así. Cuando el desencarnado realmente quiere... lo hace sin el visto bueno de los responsables del buen desarrollo literario.

– ¿Los que quieren ejercitarse con la psicografía tienen mucho trabajo?

– Patricia, nada se hace bien sin esfuerzo, trabajo y perseverancia en ambas partes, el encarnado y el desencarnado. Toma el ejemplo de tu tía Vera, ella estudió mucho la Doctrina, entrenó nueve años para escribir el primer libro. Mientras ella se preparaba, yo también me preparé, estudié, formé y soy parte de este equipo literario. Todo lo que escribo pasa por la censura de esta casa, para luego dictarlo al médium. Este dictado se hace al menos tres veces, para que luego sea editado a los encarnados. Todos los que quieran hacer una obra edificante, voluntaria y espontáneamente, se someten a la apreciación de este equipo.

– ¿Hay muchas casas, Colonias, que se dedican a este trabajo?

– Se trabaja mucho para tener una Colonia de este tipo en el espacio espiritual de cada país. Tenemos una que coordina el trabajo de todas ellas llamada "Mansión de los Intelectuales", de la cual hace parte Allan Kardec. Esta hermosa mansión es móvil como todas las demás que siguen su orientación. Ya hemos tenido la oportunidad de tenerlo muchas veces en el espacio brasileño. Muchos buenos escritores brasileños trabajan en ello. El objetivo principal es alentar a aquellos que quieran hacer literatura que eduque en buenas costumbres y motive a todos a apreciarla.

Todos vibramos con las buenas obras editadas. Aquí en el Brasil tenemos La Casa del Escritor.

– ¿La Casa del Escritor? ¡Qué hermoso nombre!

– Te gustará. Allá estudiarás durante dos años. Te dedicarás al estudio de cómo escribir, qué escribir y para quién escribir.

– ¿Esta Casa está dedicada solo a escritores?

– A pesar de su nombre, está dedicado a toda buena literatura. Cuando se creó, su objetivo principal era capacitar a buenos escritores a través de cursos que todavía existen en la actualidad. Su trabajo fue en aumento.

Actualmente asiste a sus alumnos, cuando están encarnados. Guía a todos los que quieran educar, instruir, informar sobre el cristianismo y la buena moral. Ayuda a los editores que trabajan con buenos libros y extiende esta ayuda a todos los que se dedican a promover y vender estos libros.

– ¿Seguramente los libros espíritas son parte de la ayuda de esta Casa?

– Con afecto primordial. Desde que apareció el Espiritismo, sus libros han educado, haciendo que innumerables personas progresen. Tratamos, en la Casa del Escritor, con toda la atención que se merece la Literatura Espírita y todos aquellos que trabajan con ella.

Desde que tuvimos esta conversación, ansiaba conocer esta Colonia que se ocupa con tanto amor de la Literatura Espírita que siempre amé. No tomé la decisión de dictar a los encarnados sin antes pensar y escuchar a mis amigos. Me animaron todos. Me inscribí en el curso. No fue necesario ir a la Colonia para esto. Desde la Casa del Saber envié, a través de un dispositivo, similar a un fax de los encarnados, mi historial y solicitud de registro. La respuesta de mi aceptación vino de inmediato. Era solo esperar el comienzo. Todo lo que establece una fecha llega. António Carlos se propuso acompañarme. Invitación que acepté con gusto. Me alegro de haber ido a visitar la muy comentada Colonia.

La Casa del Escritor no tiene sistema de defensa. Parece estar flotando en el espacio. Qué vista tan maravillosa es verla rodeada de árboles y flores.

– ¿La Casa no es atacada? – pregunté con curiosidad.

– Muy raramente. Cuando se siente la aproximación de hermanos ignorantes que vienen con la intención de atacar y molestar, algunos residentes salen al patio y envían ondas mentales que neutralizan tanto a los atacantes como a sus armas. Esto es posible porque en la casa solo hay espíritus equilibrados y armoniosos.

– ¡Qué lindo! – Exclamé mientras bajábamos a su patio delantero.

Mirándola, parecía una inmensa mansión, donde la tranquilidad está presente. La observé por un momento, estaba embelesada con tanta paz.

Suspiré feliz.

Toda la Casa está rodeada de patios con muchos macizos de flores y pequeños árboles, como los que vemos en la Tierra. Todo me encanta de una manera particular. Los árboles y las flores están sanos, bien cuidados, y son respetados. En la Casa del Escritor predominan las flores blancas. Qué lindo es mirar un parterre de flores, sentir la energía de las flores. Observaba sus formas, olía su perfume.

A quien le gusta la naturaleza, estaría deslumbrado por los jardines del mundo espiritual. Quien ama el lugar, siente lo hermoso que es. Es solo observar y encontrar las bellezas, el encanto de las cosas sencillos.

La mansión es de una belleza única, a pesar de su sencillez.

Su visión nos induce a una comunión de conocimientos, que nos trae recuerdos de los edificios de la antigua Grecia. La construcción es beige claro, con numerosas columnas blancas de unos veinte centímetros de diámetro. Las columnas están alrededor de todo el edificio,

dando un encanto especial a la Colonia. El techo es un triángulo rojo, que realmente recuerda a las casas bien cuidadas y hermosas de la Tierra. Desde el patio, subiendo tres escalones está el área con las columnas. Esta área tiene dos metros y medio de ancho, después de las paredes. Subí los escalones y no pude resistirme: abracé una columna.

– ¡Qué lugar de mil encantos! – Exclamé

–En realidad es cautivador – dijo mi acompañante – . Me identifico completamente con esta casa.

– ¡Qué magníficos diseños!

Corrí hacia las paredes para ver mejor. En ellos, estaban dibujados en relieve, pero en el mismo color, grabados que muestran extractos de literatura antigua. Son cuadros fascinantes que puedes pasar horas contemplando. Lo más interesante para mí son los dibujos de la Biblia, especialmente los de Moisés escribiendo parte del Antiguo Testamento. El piso en esta área entre las columnas y las paredes es de color rojo claro y brillante, y también contiene maravillosos grabados de la historia antigua. Qué agradable es observar cuadro por cuadro, analizando sus perfectos detalles.

– Aquí estamos – dijo António Carlos, sonriendo –. En tu nuevo hogar.

– ¿Vives aquí también?

– Sí, tengo mi oficina donde escribo. Amo la Literatura Espírita y me esfuerzo por participar en su difusión. Me gustan, en especial, las reuniones que celebra la Casa.

Mirando hacia el frente, vimos varias puertas. Algunas estaban abiertas.

– Nos esperan en esta habitación – dijo mi amigo, despertándome del éxtasis de la contemplación la casa.

Caminamos hacia una de las puertas abiertas. Entramos. Estaba frente a una bonita habitación, no demasiada grande, decorada con marcos y macetas. Las pinturas en el mundo espiritual son realmente hermosas, pinturas de artistas que puedes pasar horas contemplando. En la Casa del Escritor hay cuadros que ensalzan la lectura y la escritura. Obras de arte encantadoras. Las ventanas son delicadas y redondas, algunas, con cristales de colores y transparentes, están enfrente de la puerta. Había algunos sillones cómodos en la habitación.

Un grupo animado habló mientras estaba de pie. António Carlos conocía a algunas personas presentes, porque tan pronto como entramos fueron a saludarlo a él y también a mí. Me sentí a gusto y luego ya estaba conversando.

Con la llegada de todos, comenzó la conferencia. Había treinta personas en la sala. Fuimos invitados a sentarnos.

– Actualmente soy director de esta Casa. Digo actualmente porque, después de un acuerdo entre todos los residentes, rotamos en la posición de orientación. ¡Sean bienvenidos! Aquí estamos reunidos, profesores, algunos invitados y candidatos para los dos cursos que pronto comenzarán. El primero es para aquellos que desean dictar los encarnados, a través de la psicografía. También hay quienes desean inspirar, sin ser notados, a aquellos encarnados en sus obras escritas.

El segundo curso es para aquellos que quieren prepararse y estudiar para encarnar y, cuando se encarnen, dedicarse a la literatura edificante.

Espero que disfruten de nuestra Casa tanto como los cursos que elijan. Y siéntanse aquí como si fuera su hogar.

Aquí están los profesores del primer curso, el profesor Aureliano y la profesora María Adélia.

Qué amables fueron mis maestros, realmente me gustaron. Luego presentó a los profesores del segundo curso. Nos pidió a cada uno de nosotros que nos presentemos. Lo hice con alegría. Éramos ocho tomando el primer curso. Esto solo comienza cuando el otro termina. Por lo tanto, solo comienza cada dos años. También sabemos que no todos los que completan el curso tienen la oportunidad de dictar a un médium. Algunos lo hacen más para tener experiencias, porque les gusta, o incluso preparándose para ser médiums psicógrafos, al encarnar. Después de que el director habló sobre algunas de las reglas de la Casa, le pidió a uno de los maestros que rezara. Las oraciones espontáneas que se ofrecen aquí son sencillas, generalmente cortas, pero sinceras y conmovedoras.

En una actitud de fraternidad espontánea, fuimos invitados a visitar la Colonia. La Casa del Escritor se considera una pequeña Colonia. Las puertas que dan acceso a la mansión nos conducen a los pasillos, excepto las del medio que conduce al interior de la Casa. Todas las habitaciones son similares, muy agradables, decoradas con hermosas pinturas y flores blancas Dos de estas habitaciones destacan por su tamaño.

– Estas salas son para conferencias, reuniones que la Casa promueve con todos sus miembros encarnados y desencarnados, dijo el director.

– Debido a la cantidad de salas, debe haber muchas reuniones – comentó uno de los alumnos.

– Es correcto. Siempre estamos intercambiando ideas, promoviendo eventos, organizando tareas. Nos reunimos con gran fraternidad en conversaciones edificantes.

Entramos en un amplio corredor que nos llevaría al interior de la Colonia, pasando las habitaciones, nos encontramos en un patio agradable y delicado al que dan acceso las ventanas de los pasillos. Los patios se parecen, todos tienen muchos encantos. Pasamos por la galería. Para una mejor memorización del lector, diríamos que las aulas, la biblioteca y la sala de video están ubicadas en la segunda ala.

Después de las habitaciones, nos encontramos con un nuevo patio, similar al segundo que vimos.

– En esta parte, están las habitaciones privadas. Todos nosotros, residentes de la casa, maestros, estudiantes y miembros desencarnados, tenemos un lugar privado, un rincón solo para nosotros – explicó el director de buen humor.

Tanto el ala derecha como la izquierda cuentan con pasillos que dan acceso a las puertas numeradas a ambos lados.

Después de estas pequeñas habitaciones hay otro patio y el final de la Colonia. Todo está rodeado de columnas blancas y sus paredes tienen diseños. Desde cualquier ángulo que miremos, vemos el techo en triángulo.

– Ahora, los estudiantes recibirán un cuaderno de orientación, en donde se anota el número del aula y también la de su sala privada. Siéntanse libre de saber lo que quieran. Las clases solo comenzarán dentro de cinco horas – dijo el director, sonriendo, quien entregó a cada estudiante un cuaderno con su nombre grabado en la portada. El director se despidió de todos con una sonrisa cautivadora.

António Carlos se me acercó.

– Patricia, quiero mostrarte mi oficina.

Mientras caminábamos por el pasillo, le pregunté a mi amigo:

– António Carlos, tendré muchas horas libres aquí. ¿Qué puedo hacer para ocuparlas?

– Esta Casa sigue el tiempo de la Tierra. Aquí los residentes no duermen ni comen. Nadie hace nada. Aquí están muy ocupados. La Casa recibe muchas visitas, hay muchas conferencias en las que puedes participar, con eso aprenderás mucho.

Siempre están organizando grupos de ayuda para encarnados afiliados. También puedes ir a la biblioteca, ir a la Tierra con más frecuencia y en otras Colonias, además de la Colonia de San Sebastián. Tendrás mucho que hacer. Entra, esta es mi oficina.

Damos muchos nombres a este espacio particular en el plano espiritual. Habitaciones, en las Colonias de Socorro, porque muchas aún duermen, pero también llamamos oficinas, salas, etc.

El rincón de António Carlos es muy agradable. Había algunas sillas, un escritorio y una estantería llena de libros.

– ¡Aquí guardo las copias que obtengo!

– ¡Pero hay libros de escritores encarnados!

– Ciertamente. Los buenos libros de encarnados son plasmados aquí. Los buenos escritores tienen acceso a la casa. Hablamos mucho, nosotros y ellos. Aquí incluso hacemos noches de autógrafos. Muchos de estos libros tienen una dedicación. Estoy orgulloso de tenerlos. Aquí tengo todo lo que necesito. Amo mi rincón. Ahora, veamos tu habitación.

Nos movimos a otra sala, a la derecha, en el número indicado. Nos detuvimos y entramos. Mi habitación era como la de António Carlos, tenía algunas sillas, un escritorio y la estantería.

– Puedes decorarlo como quieras.

Unos días después lo decoré con cuadros y macetas, puse libros, cuadernos y fotos de mi familia. Destacaron los de mis sobrinos Rafael y la pequeña Patricia.

– ¡Qué hermosos candelabros! – Exclamé.

Los candelabros tienen formas delicadas. La Colonia tiene iluminación artificial como en las otras Colonias que siguen la zona horaria de la Tierra. Por la noche, la Colonia es hermosa, se ve como una estrella desde lejos, es muy brillante de cerca. Dentro de la Casa es tan claro como el día.

Después de ver mi habitación, António Carlos me invitó a conocer la biblioteca Es muy bella y grande. A diferencia de las otras que conocía. Ejerce una fascinación especial en sus visitantes y frecuentadores. Allí encontramos más libros sobre literatura, libros históricos y de variedades, libros espirituales y espíritas. En las salas de video, el tema era similar. Antônio Carlos me mostró todo con entusiasmo. Él particularmente ama esta Casa. Las horas pasaron.

– Patricia, pronto comenzará tu clase. No nos despediremos, porque siempre estaré aquí y siempre nos encontraremos. Quiero decirte que eres bienvenida en esta Casa.

Sonreí, agradeciéndole. Me sentía bien allí y ya amaba esa casa. Me preparé para la primera clase.

5.– El Periodista

Qué interesante es cuando las emociones nobles se repiten.

Cuando esto sucede, tenemos la impresión de que no es la primera vez que experimentamos estos hechos. Esto es lo que me sucedió cuando entré al aula para tener mi primer contacto con este nuevo curso, que por supuesto, por la bondad de Dios y amigos, me fue proporcionado.

Y no fue sin razón, porque la alegría que sentí ese momento permanece en mi pecho hasta hoy. Estoy segura de que la satisfacción se sintió bien al hacer un hogar en mi corazón,

La posibilidad de poder anunciar a los encarnados a través de la mediumnidad la bienaventuranza que vivía y de la que era portadora, me llenaba de entusiasmo y ánimo a mí nuevo estado y entrenamiento telepático. Quería aprender a hacerlo bien. Y, como sucede cuando estoy muy feliz, sonreía sin parar; fue en este estado de satisfacción que saludé al maestro y a algunos estudiantes que estaban en la sala.

Nuestra clase era pequeña, los escritorios estaban en círculo.

– ¡La paz esté contigo! – respondió el profesor Aureliano a mi saludo –. Siéntate, Patricia, elige un lugar y siéntate a gusto. Pronto comenzaremos la clase.

Me senté y vi todo. Solo había una pizarra en la pared. Lo que le dio un toque especial fueron las hermosas ventanas redondas. En la sala, estaban los escritorios y una enorme estantería. Pronto llegaron todos los estudiantes. Hablamos animadamente y después de unos minutos ya nos conocíamos como si fuéramos amigos desde hace mucho tiempo. Todos eran agradables, conocedores y ansiosos por aprender. Sus nombres ya estaban grabados en mi mente y corazón. La dulce Ruth, Carlos Alberto, el más viejo en apariencia, la pelirroja Adelaide, el intelectual Henrique, el más extrovertido José Luiz, María da Peña, quien se convirtió en la madre de todos, y Osvaldo, el narrador. El profesor Aureliano comenzó la clase.

– Como saben, María Adélia y yo vamos a dar este curso tan útil para nuestra Literatura Espírita. No es tan sencillo intuir o dictar psicografías a los encarnados. Quienes lo hacen sin preparación y a menudo, no lo hacen de la mejor manera. ¿Qué es más importante: cuando se intuye en literatura o se dicta por la psicografía? Sin duda, la materia. Es este tema el que aprenderemos a hacer. Ciertamente estoy aquí como coordinador, espero que todos aprendamos juntos. Tanto es así que quiero ser tratado como un amigo, sin títulos, solo por mi nombre. Dictaré las clases de escritura. Maria Adélia impartirá las clases de literatura. En su historia, sabremos cómo surgió la idea de registrar los eventos. Los primeros escritos, las primeras historias imaginarias, la literatura contemporánea, la actual y la espírita con todo su encanto y enseñanza.

Tenemos mucho que aprender en este curso. En mis clases aprenderemos a escribir un ensayo, un artículo o un libro.

También aprenderán a transmitir estos escritos, porque no puedes dictar nada, para esto debes tener algunos criterios. Estos escritos deben estar dentro de la doctrina y la codificación de Allan Kardec y traer buenas enseñanzas cristianas, además de tener cuidado de no hacer revelaciones que aun no están permitidas, o anunciar desgracias con fechas programadas, etc. Las revelaciones deben hacerse con conocimiento y deben ser reales y optimistas. Hay tantas cosas hermosas que decir. Todos los afiliados a esta Casa tienen que pasar sus escritos a través de la censura. Y aquí también aprendemos a censurar. Prestaremos especial atención a la parte del intercambio al encarnado. No es fácil para un cerebro que no sabe capturar ciertos hechos. Entonces, tendremos que escribir para dictar o inspirar lo que el encarnado puede recibir. Este curso es largo porque tendremos muchas excursiones, en las que haremos una recopilación de historias con mucha ayuda, y también porque existe una gran responsabilidad de todos aquellos que dejan sus pensamientos registrados, especialmente quienes quieren hacer el bien con este evento. Particularmente nosotros, que vamos a pasar por la psicografía, en nombre de una religión, para intentar motivar, alertar, recordar las enseñanzas de Jesús a tantos hermanos. En los últimos seis meses del curso, podrá hacer este trabajo solo, pero aún tendrá nuestra orientación.

Para comenzar nuestra clase de escritura, ¿quién de ustedes quiere contar una historia o, si es interesante, la de la existencia misma para que podamos comenzar nuestro trabajo?

José Luiz levantó la mano.

– Puedo hablar de mí.

– Sí – dijo Aureliano –. Vamos a escucharlo.

José Luiz sonrió. Es delgado, alto, con cabello corto y rizado y muy amigable. Su voz es agradable y fuerte, comenzó a hablar.

– Nací y crecí en la gran ciudad de São Paulo. Siempre me gustaba el periodismo. Yo quería ser periodista. No fue fácil, mis padres se separaron y mi madre trabajó duro para mantener los cuatro hijos. Fui el tercero. En la escuela secundaria, tomé un curso técnico de contabilidad por la noche y comencé a trabajar durante el día. Trabajé en una industria. Mi sueño era conseguir un trabajo en un periódico. Un colega tenía amigos en un periódico grande e influyente, le pregunté tanto que terminó respondiéndome. Me llevó allí y me presentó a sus amigos que prometieron ayudarme. Hizo lo que prometió, terminé empleado. Estaba encantado, aunque el periódico estaba más lejos y ganaría menos, pero quería estar allí para aprender. Siempre fui genial, en la escuela, en redacción. Comencé a escribir artículos, fue muy difícil publicarlos, pero siempre lo hice con la esperanza de ser un buen periodista algún día. Cuando terminé mi curso, comencé a dedicarme más a mi trabajo y a tener más tiempo para hacer las asignaturas. Un día, uno de los directores leyó lo que escribí, le gustó y terminó publicando el artículo. Me aconsejó que tomara clases de escritura. Fueron pagados y caros. Sin embargo, este director logró que el periódico pagara la mitad del curso. Tomé el curso con entusiasmo. Con perseverancia me convertí en periodista.

Comencé a criticar al gobierno de una manera inútil. Estábamos en los años sesenta con la dictadura militar. Empecé a usar un seudónimo para hacer estos artículos. Un grupo de idealistas que querían un Brasil mejor vino a mí para que yo asistiera a sus reuniones. Fui y me gustó. Eran personas honestas e idealistas.

Estos compañeros no creían que los medios empleados por otros grupos fueran correctos, pero entendieron que eran necesarios tanto para atraer la atención como para obtener dinero; es decir, acciones como secuestros y robos. Nuestro grupo estaba más preocupado por difundir nuestras ideas. En estas reuniones, conocí a una joven, Marita, que tenía una niña. Su compañero había sido asesinado en un cerco con el ejército. En este momento, ya ganando más, me fui a vivir solo a un pequeño departamento cerca del periódico. Escribí artículos no comprometedores con mi nombre real y artículos con seudónimo contra la dictadura. Me enamoré de Marita, nos convertimos en amantes sin vivir juntos. Comencé a participar más en las reuniones, dar conferencias y folletos. Mis artículos se volvieran más violentos. Pasaran seis años. Hicieran una batida en el periódico y arrestaran a muchas personas. Algunos, torturados, dieran mi verdadero nombre. Fui arrestado. En el interrogatorio confesé todo lo que hice y yo escribí. Pero ellos querían más, los nombres de los compañeros. Como me negué, comenzó la tortura. ¡Un horror! En la historia humana, los seres humanos siempre han torturado a otro ser humano. Al principio, las peleas eran por comida y territorios. Luego vinieron las luchas por sencillos conquistas, en las que los ganadores hicieron esclavos a los perdedores y los torturaron. Luego estaban las cruzadas, las luchas por las religiones, la Inquisición, los esclavos en América, las guerras modernas y los campos de concentración. Luego, por política, por ideales, las personas que, bien o mal, fueron tratadas con mucha inhumanidad, que querían lo que creían que era mejor para su país.

Fui torturado junto a otros compañeros, brutal y cruelmente. No dije nada. Pensé en Marita y su pequeña hija a quien amaba como si fuera mía. En mayor sufrimiento desencarné. Dejé el cuerpo violentamente, mareado y viendo todo confundido. Me levanté y caí en la esquina de la habitación. Vi a mis verdugos y mi cuerpo estar siendo atado y desangrándose. Escuché los comentarios.

"¿Murió la peste? ¡Hombre duro y estúpido!"

"¡Murió!" – dijo el otro, escuchando mi corazón –. "Póngalo con los demás, los enterraremos en las zanjas. Los vi desatar mi cuerpo y llevarlo al otro lado.

Confundido y con mucho dolor. Me quedé dormido Desperté aun más confundido.

"¡Hola amigo, moriste, despierta!"

Traté tanto de entender lo que estaba diciendo y reconocer al tipo que me habló.

¿Es una nueva forma de tortura? – pensé.

Pero no estaba atado y no conocía a ese hombre, quien, tratando de ser amable dijo:

– Ven, dame la mano, te ayudo. ¡Moriste! Acabas de morir como yo."

"¡Es extraño!"

"¡No es nada! Pronto te acostumbras."

Me levanté con su ayuda. Me llevó a una de las celdas. Vi compañeros tristes y mutilados.

"Quedémonos aquí."

Él me ayudó. Me dio de beber un líquido que me quitó el dolor y me preparó vendajes.

"Es gracioso – dije – dices que morí, pero todavía estoy herido."

"Así es, eres como tu cuerpo."

Solo cuando fui a estudiar me di cuenta de que me había desconectado de mi cuerpo y, debido a la falta de conocimiento, continuaba con todas las impresiones de la materia, como el dolor, hambre, frío, etc.

Pasé unos días tirado en el piso de la celda, viendo sufrir a mis compañeros encarnados. El sujeto, Emílio, me cuidó lo más posible. Me puse mejor.

"Ya estás bien, es hora de comenzar a ayudarnos. Levántate y ven a conocer a los demás."

Me tomó de la mano y me ayudó a levantarme. Estábamos caminando y me sorprendí cuando crucé los barrotes con él y salir al patio. ¡¿Cómo hiciste eso?! – pregunté curioso.

"Ahora somos almas del otro mundo, o, mejor dicho, desencarnadas.

Tenemos algunas ventajas allí, como atravesar paredes y puertas por voluntad propia. Te enseñaré cómo hacer esto. Es fácil, aprendes y listo.

En el patio había un grupo de personas desencarnadas. Algunos hombres y mujeres en mayor número.

"¡Clovis, estás aquí!"

Abracé a uno de ellos, conmovido. Fue mi amigo, compañero de nuestras reuniones Había desaparecido y no pudimos averiguar qué le sucedió.

"¡Yo también morí!"

"¿Torturado?"

"No, con un tiro."

Hubo un silencio por algunos minutos que fue roto por uno de ellos. "José Luiz, es lo siguiente: todos estamos desencarnados y unidos. Aquí estamos tanto para ayudar a los compañeros desencarnados enfermos, perturbados o enloquecidos por las maldades sufridas y los amigos encarnados, así como para vengarnos de nuestros verdugos." "Los años pueden pasar, pero yo me vengaré. Incluso si tengo que espera a que estos tipos mueran, ¡me vengaré! "– dijo Clovis con odio."

Honestamente, no estaba de humor para vengarme, sino para ayudar a mis compañeros. Pero no dije nada, en ese momento no parecía tener otra opción.

Preferí ayudar a otros compañeros desencarnados que estaban molestos y pensaban que todavía estaban vivos en el cuerpo carnal. Para mí, estaban enloquecidos por tanto dolor y humillación. También traté de ayudar a los encarnados.

(Para ayudar, primero hay que estar bien, luego saber. Ninguno de ellos tenía condiciones para esto. Sin embargo, se obtiene ayuda precaria para los desencarnados, pero los encarnados solo se interponen en el camino. Pero para vengarse, para obsesar, sí, tienen éxito, especialmente si vibran negativamente de la misma manera).

La situación parecía empeorar. Los verdugos parecían más nerviosos y malos. De los compañeros desencarnados, solo unos pocos mejoraran. Los pobres encarnados sufrieron mucho. Un día le pregunté a nuestro jefe, Clóvis.

"Clóvis, ¿realmente estamos ayudando? ¿No será que para esto es necesario saber?

No lo sé, José Luiz. He estado pensando en esto. Pero podemos contentarnos con planear "nuestra venganza."

"¿No crees que cosecharán lo que plantan?"

"Puede ser. ¡Pero me vengaré! ¡Me vengaré! ¡Incluso si Jesús apareciera no perdonaré! No somos proscritos o marginados y hemos sido tratados miserablemente por tener un ideal político, por no pensar como ellos. Sabré cómo planificar y organizar esta venganza, que no solo será para los que siguen las órdenes, sino también para los responsables."

"¿Dijiste Jesús? ¿Alguna vez estuvo por aquí?"

"No lo hace, pero algunos que trabajan para Él lo hacen. Solo reza para que aparezca uno de ellos."

Pensé mucho en lo que escuché. No estaba satisfecho allí, era un lugar triste, viendo sufrimiento, yo también sufría. Dejé el grupo, fui a una esquina del patio y comencé a rezar las oraciones memorizadas que conocía. Pero luego, cuando la oración salió de mi corazón, pedí ayuda y lloré. "¿Quieres ayuda? ¿Estás dispuesto a perdonar?"

"¿Eres Jesús?"

"No, soy un desencarnado como tú, pero que tiene otra visión y comprensión."

"Perdono a todos. No quiero venganza. ¡Quiero mejorar!"

Tomó mis manos y volitamos. Sentí un escalofrío en el vientre, pero me encantó volar. (Volitar, atravesar paredes son actividades fáciles para los desencarnados. Sin embargo, necesitas aprender. Desafortunadamente, no se trata solo del conocimiento de los buenos espíritus, todos pueden hacerlo, es suficiente saber y principalmente estar conscientes de su estado desencarnado).

Me llevaron a un Puesto de Socorro. Me pareció era maravilloso.

Pronto me curaran mis heridas, pero tuve que someterme a un tratamiento psicológico para poder entender los traumas que me quedaran debido a la tortura que sufrí y también porque vi tantos compañeros mutilados.

Luego, me llevaran a una Colonia donde llegué a comprender el Plano Espiritual y me volví útil para el trabajo.

Escuché sobre mi Marita, ella logró escapar con su hija, estaba bien, se casó de nuevo y tiene más hijos.

Cuando sentí que podía ayudar, pedí ayudar a mis antiguos compañeros. Regresé al lugar donde estaba cuando desencarné. Encontré que todo había cambiado, había algunos espíritus que no conocía. Fijando mi mente en ellos, los localicé. Me recibieran con alegría. Cuando comencé a hablar de mí, tomaran atención al principio, pero pronto se desinteresaran. Por mucho que pedí, rogué, Clóvis y el grupo, que era grande en ese momento, no me atendieran. Hicieran un núcleo en el Umbral y hacían un cerco cerrado a los que consideraban culpables. Lamentablemente, no pude convencer a ninguno.

"José Luiz, eres nuestro amigo, si quieres seguir siéndolo, no defiendas a estos desgraciados" – dijo Clóvis.

"No los estoy defendiendo. Estoy buscando tu bien."

"Nuestro bien es condenar a los culpables."

Me fui, pero no me rindo, siempre que puedo voy a ellos en un intento de ayudarlos.

Ahí está mi historia. Me gusta mucho la literatura, me encanta el periodismo, tomo este curso para luego trabajar con encarnados. Trataré de intuirlos en la promoción de artículos buenos y bien hechos.

José Luiz estaba callado y le tocaba al profesor Aureliano volver a hablar.

– Tu historia es muy interesante. Qué hermoso ejemplo nos diste perdonando y no queriendo vengarte. Así como intentaste, incluso después de tanto tiempo, ayudar a tus compañeros, te hubieras acordado de suplicar como lo hiciste, al desencarnar, habrías sido rescatado antes.

– ¿Será que ellos no perdonarán? – preguntó Adelaide.

– Tenemos nuestro libre albedrío – respondió Aureliano –. Sufren mucho los que no perdonan. Esperamos que algún día José Luiz pueda hacerles entender, para que puedan ser felices. Ahora, vamos a trabajar. Escriban sobre lo que escucharan. Todos escribimos. Luego, cada uno de nosotros leyó y Aureliano dio opiniones.

– No es bueno destacar episodios negativos.

– El tuyo es demasiado extenso.

– Podría ser más grande.

– Esta parte no está bien. Así queda mejor.

Vi lo estricto que era y lo bien que enseñaba. Entendí lo que vendría a ser la censura de la Casa. Hay episodios que no se pueden comentar. Y esos no son buenos para ser relatados.

Después de tantas observaciones, volvimos a escribir. Fue leído de nuevo. Aureliano nos llamó la atención sobre algunas partes, pero alabó nuestro trabajo.

– Ahora, piensen como el médium, o como la persona encarnada que inspirará, que recibirá esta historia.

"Creo que el médium, desconociendo esta parte, no conseguirá captarla", dijo Ruth.

"Yo también lo creo", dijo Aureliano. Entonces, tendrá que cambiar este párrafo.

Pensé bien en lo que le gustaría leer al encarnado. Es una historia real y emocionante, pero también debería ser para ellos. Pensé en mi tía Vera, ¿captaría todo? Lo escribí por tercera vez. Me di cuenta de que todos volvieron a sus escritos, reformulándolos.

Así fueran todas las clases de redacción. La historia era escrita, censurada por todos nosotros con la coordinación del maestro y, luego, escrita como el médium podría recibirla. ¡Una verdadera experiencia de aprendizaje!

El curso transcurrió sin problemas, la maestra María Adélia nos enseñó clases de literatura. Comenzó en la parte histórica y terminó en la actual. Prestó especial atención a la literatura espírita y espiritualista. Estudiamos las obras de Allan Kardec juntos. Mucho ya habían visto y leído sobre el Codificador de Doctrina Espírita, pero fue agradable estudiarlo con un grupo inteligente y con un gran asesor de conocimientos. Maria Adélia dijo con mucho amor que la materia nos fascinaba. Tener conocimiento literario es importante para quienes van o quieren trabajar con Literatura.

También en las clases de Aureliano aprendimos todas las leyes de censura de la Casa y comenzamos a censurar nuestro trabajo nosotros mismos.

Aprendí muy bien los tres elementos principales: escritura, qué escribir y para quién escribir.

En estos dos años, he venido a la Tierra muchas veces. Vine sola, he estado con familiares y amigos. También conocí otras Colonias y estaba en mi querida Colonia San Sebastián. Conocí todas las Colonias que se dedican a la Literatura, como la Casa del Escritor, de diferentes países de la Tierra. De hecho, son similares, solo que cada uno tiene un toque especial de la arquitectura de su país. El esperanto se habla en todos ellos. Es el idioma utilizado para comunicarse con visitantes de otros países. ¡Estas Colonias son encantadoras!

Aquí en el Plano Espiritual se ha hecho mucho para que las buenas obras progresen. La Casa del Escritor está realmente ocupada. Me gustaba pasear por sus áreas y ver los detalles de sus pinturas, paredes y pisos. Pero de una manera especial me gustaba quedarme en sus patios.

Admiraba sus árboles y flores con gran afecto. Sus delicadas flores son de varias formas y tamaños, todas claras, predominantemente blancas. Pasé horas admirándolas. ¡Que perfección había en sus contornos! ¡Qué suavidad! ¡Qué belleza!

Pero el patio ofrece otro encanto. Es un lugar donde todos se reúnen para hablar, allí vemos encarnados, residentes y visitantes. Qué lindo es encontrarse en un círculo y tocar ese estimulante "conversatorio." Son personas educadas y amantes del arte, de la Literatura. Conocí a muchas personas interesantes, muchos escritores famosos.

Conversadora, allí estaba en mi tiempo libre por los patios y casi siempre participando en algún círculo y la conversación fluía... Pero también hubo preocupaciones.

– ¡Es con gran dolor que veo cómo la mala literatura ganando mercado! – dijo un escritor conocido por los encarnados que me pidió que no citara su nombre y me explicó por qué.

– Cuando estaba encarnado, tenía otras ideas que mis parientes encarnados conservan. No quiero que se ofendan por haber mencionado mi nombre. Ahora estoy muerto y acabado para ellos.

Con esto en mente, menciono algunos nombres en este libro, preferiblemente solo el primero. Porque podría olvidar a alguien, lo que me parece injusto. Todos los que frecuentan esta Casa son grandes y maravillosos para mí.

Pero, volviendo a la conversación, todos desafortunadamente estuvieron de acuerdo con él.

– Sabemos que hay grupos de hermanos ignorantes que intentan hacer el mal, incluso se esfuerzan por terminar con la buena literatura y ayudar, alentar el mal. La lectura cambia los pensamientos, tanto para bien como para mal, dijo el amigable Sr. Rolando que, encarnado, fue un luchador fiel en el libro espírita y que continúa ayudando activamente a la causa.

– La literatura edificante tiene que ser cautivadora e interesante para motivar a los lectores a leer más y más – concluyó con sabiduría y sencillez Júlio César, un escritor talentoso.

– Nunca podemos desanimarnos. Nuestro trabajo tiene que ser incansable – dijo José con alegría.

– Pero estamos lejos de ser ideales – agregó Rolando.

– Hay mucho por hacer y nuestra ayuda es esencial. Los encarnados necesitan nuestro auxilio. No debemos descuidar nuestro trabajo.

Y la conversación continuó más allá. Qué lindo participar, escuchar conversaciones tan interesantes.

También me gustaba meditar en las cómodas bancas que casi siempre están debajo de árboles floreciendo. Una tarde, cuando estaba meditando, una de mis conversaciones con mi padre surgió en mi memoria. "Hija", me dijo, "no dejes que solo el entusiasmo sea la razón de tu trabajo. Cultiva un amor por lo que haces, porque el entusiasmo es de la mente y el amor es del corazón, del sentimiento. Lo que es de la mente es fugaz, el amor es eterno. Trata de abrazar con amor todo lo que haces con entusiasmo.

Cultivar la armonía y la fraternidad es el antídoto para nuestros conflictos psíquicos e incluso dolores materiales, ya que estos provienen de conflictos psicológicos. Y la verdadera felicidad existe solo cuando estamos separados de cualquier interés particular. Nuestra personalidad tiene la impresión de que, en este estado desinteresado, hemos perdido interés en la actividad; esto realmente sucede cuando nuestra satisfacción o nuestros placeres son solo el final. Si buscamos ver, amar y sentir a Dios en sus manifestaciones, estamos inundados de pura felicidad y una alegría inmaculada de deseo de autosatisfacción. Para mí, esta es la verdadera felicidad.

Entre la mayoría encarnada, la felicidad es sinónimo de poder, ya sea mental o material, satisfacción, ociosidad y placer. Todos estos estados son el cultivo de futuros dolores que pronto florecerán.

Al observar tantos encantos que el Padre creó, como si en un entendimiento simultáneo, vislumbré un poco las dificultades de la vida humana hasta que el hombre se convierta en una parte integral del universo. Cuando esta integración sea una realidad constante, el ser humano vivirá lo contrario de todo este sufrimiento.

6.– La Reunión

Gracias a Dios, estaba viviendo lo contrario.

Como dije, la Casa del Escritor es móvil. Es decir, se mueve según las necesidades del momento. Ella puede estar en el sur un día y al día siguiente, en el norte del Brasil. Además de estar en la corteza, donde están los Puestos de Socorro, o ir a esferas más altas donde están las Colonias. Es como si ella estuviera dando vueltas.

Quien está dentro de la Colonia no siente nada. Pero si vas a uno de los patios exteriores que lo rodean, puedes ver el viaje como si estuvieras en un avión. Es muy interesante ver a la Colonia moverse.

Este movimiento es realizado por las mentes de los directores, o el equipo de residentes de la casa.

La primera vez que lo vi, quedé encantada. Es muy agradable, la casa parece deslizarse suavemente por el espacio. ¡Por eso se encuentra la Casa, por su vibración! Cuando pasamos días en excursiones o incluso en otros trabajos, para saber dónde está la Colonia, basta solo pensar en ella y nos llevará allí.

– ¡Vamos a tener una reunión en el norte! – exclamó uno de los residentes –. Será una reunión con encarnados.

Estaba muy feliz de estar fuera. Así que fui a ver la mudanza de la Casa y pude asistir a la reunión. La casa promueve muchas reuniones con encarnados. Su movimiento aumenta. Es necesario organizar, coordinar con los invitados los lugares donde debe ir la casa. Esperaba con ansias la reunión. ¡Qué agradable sorpresa!

La casa se detuvo sobre la ciudad de Manaus. Era tarde y la reunión estaba programada para la noche, a la una de la mañana. Los invitados serían los encarnados de la región y también algunos desencarnados. Todos trabajaban en la promoción del libro espírita.

A las once en punto, un grupo de la casa salió a buscar a los invitados encarnados. El patio delantero era brillante, todo iluminado. Se escuchó música suave y hermosa por todo el frente. La reunión iba a ser en uno de los salones de tamaño mediano, ya que no asistiría mucha gente.

Me quedé en el patio, curiosa, mirando y hablando.

A medianoche los invitados comenzaran a llegar. Los invitados descarnados suelen llegar primero. Los encarnados quienes dejaron sus cuerpos dormidos llegaran felices. Algunos totalmente conscientes saludaran a todos felizmente, otros llegaran con asombro, y algunos desafortunadamente algo extrañados. Uno de los residentes que estaba a mi lado aclaró.

– Vemos que no todos maduran por igual. Muchos están acostumbrados a estas reuniones, en cambio, otros, es la primera vez que participan. Por lo tanto, no pueden ser igualmente conscientes e interesados. A la hora programada, todos estaban presentes.

Nos invitaran a ir al salón. Todos acomodados, se hizo una oración muy hermosa y comenzó la conferencia.

Nuestra sorpresa fue cuando el Dr. Adolfo Bezerra de Menezes se levantó, e puso al frente, y saludó al público sonriendo.

– Buenas noches, queridos hermanos, que Jesús esté presente en nuestra reunión.

Habló, con su voz siempre agradable, de la necesidad de que los encarnados se unan y se mantengan firmes en el trabajo de difundir la literatura espírita. La necesidad de leer, aprender a través de buenas obras. Dijo que conocía las dificultades existentes, pero que con buena voluntad todo se resolvería. Bromeó con los presentes. Nos reímos mucho. Qué bueno es tener conversaciones importantes con alegría. Las preguntas fueron abiertas. La audiencia al principio preguntó tímidamente, luego se preguntó mucho y el orador respondió atentamente, magníficamente. Escuchamos con pesar:

– ¡Se acabó la reunión!

Hubo abrazos de despedida. Dos de los encarnados se quedaran para una reunión privada. Los habitantes de la Casa se acercaran a los encarnados para llevarlos nuevamente a sus cuerpos que estaban dormidos A estas reuniones privadas asiste el director de la casa. Si hay solicitudes de ayuda son anotados y analizados de inmediato. La ayuda se hace teniendo en cuenta la posibilidad de la Casa. Ya sea a través de consejos, opiniones. El director les habla con sabiduría y paciencia.

Todos se van satisfechos. Algunos invitados desencarnados y algunos residentes se quedaran. Todos querían seguir disfrutando de la presencia de este glorioso médico, escritor y espírita brasileño. También me quedé y me alegré de saber de él:

– Tenemos que alentar las cosas buenas, los hechos importantes. Enfatizar todo lo que es hermoso. ¡El entusiasmo es parte de la vida!

Poco a poco, todos volvieron a sus deberes. La reunión había terminado. La casa pasó dos días allí, asistiendo a consultas, brindando asistencia. Luego se fue. Asistí a muchas reuniones con beneficio. ¡Y qué beneficio! Después de asistir a muchas reuniones, fui seleccionada para formar parte del equipo que recogería y llevaría a los invitados encarnados.

El trabajo se iniciaba por la tarde, a veces incluso por la mañana. Las primeras veces, acompañé a Otacílio, un amigo experimentado que me explicó:

– Hoy vamos a llevar a la reunión a Suely, una joven que comienza a dedicarse a la tarea de promover los libros espíritas.

Tan pronto como la vi, simpaticé con ella. La acompañamos en su trabajo material por la tarde.

– Suely trabaja mucho – explicó Otacílio –. Aquí estamos para que todo salga bien, para que sienta nuestras vibraciones y se mantenga tranquila, para que pueda dormir tranquila y se desligue con facilidad.

Nos quedamos cerca de ella. Fue una tarea sencilla, ella es muy amigable. Todo salió bien. Suely dormía tranquilamente. A la hora señalada, Otacílio le dio un pase, entonces se separó fácilmente del cuerpo carnal, nos miró y sonrió. Otacílio le explicó.

– Suely, vinimos a recogerte para una reunión importante, ¿recuerdas? Nos comunicamos contigo la semana pasada.

– Si m acuerdo. Estoy lista. Podemos ir. ¿Pero con qué ropa debo ir? No puedo ir en ropa de dormir.

–Ciertamente, cámbiate de ropa si crees que es necesario – dijo Otacílio –. Te esperaremos.

Salimos de la habitación y Suely se cambió rápidamente de ropa. Este es un hecho interesante, cuando estaba encarnada siempre estaba pensando con qué ropa salía de mi cuerpo. Por lo general, las personas educadas y buenas se visten desinteresadamente y salen con la ropa que suelen usar.

Raramente tenemos invitados a las reuniones de la Casa del Escritor con ropa de noche. Suely no tenía experiencia, porque quien está acostumbrado a dejar el cuerpo ya da forma a la ropa que quiere usar, lo hace mecánicamente. El periespíritu, en este caso, usa ropa con forma e idealizada. Suely, al cambiarse, tomó una copia, la creó a su voluntad, cambió su pijama por otro traje que le quedara bien.

No es agradable ver invitados en ropa de dormir. Cuando el invitado es así, quien lo recoge le aconseja cambiar.

Suely era discreta, pero quería ir bien vestida, porque para ella iba a un lugar importante y tenía razón. Los que ya están acostumbrados a abandonar el cuerpo e ir a reuniones o encuentros con amigos, cambian de vestuario automáticamente. Algunos prefieren solo un tipo de ropa, otros, cualquiera de los cuales tienen. Es común ver, en la noche, encarnados desconectado por el sueño caminando por la ciudad, yendo al Umbral, con ropa más pequeña, ya sea con ropa de dormir, o muy decorada. Desafortunadamente se sienten bien así, vibran así. Pero en lugares de estudio serios, todos se visten bien y con discreción. Nos tomamos de las manos, Suely se quedó entre nosotros regresamos a la Colonia. Después de la reunión, la llevamos de regreso y nuevamente con pases la dejamos dormida.

Fui con Otacílio para hacer invitaciones para la próxima reunión.

Estos se realizan días antes de la reunión. Regresamos a la región donde la reunión se llevaría a cabo y localizamos a las personas a invitar.

Para que el encarnado no se asuste, no tema ser encarnado. Un espíritu en el que el huésped confía es notificado a su protector o guía. En el momento de la invitación, este espíritu amigable permanece con nosotros y casi siempre participa en la tarea de transporte, además de las reuniones agradables. Esperamos a que el encarnado duerma, lo desconectamos del cuerpo y hablamos con él. Es bueno hacer invitaciones. Aquellos que están acostumbrados a recibirnos con alegría, como un hombre que ha estado vendiendo, promoviendo y amando libros espíritas durante mucho tiempo. Él seleccione con otros compañeros los libros que se venden en los quioscos, clubes y ferias de su ciudad. El señor José António nos abrazó, sonriendo.

– ¡Qué linda invitación! Ya extrañaba las reuniones. No fui en mucho tiempo. Temía ser olvidado. Los que conocen la Colonia sienten la falta, ¿no? Para muchos invitados, el personal de la casa solo hace la invitación, vienen con compañeros desencarnados que trabajan con ellos. Muchos encarnados que no están afiliados, pero que son amantes de la literatura espírita, a veces son invitados y están muy contentos con lo que ven y escuchan en las reuniones.

Pero no todo funciona. También hay contratiempos. Como cuando buscábamos a una invitada, la encontramos con un tremendo dolor de muelas que no la dejaba dormir. Otacílio y yo intentamos de todo para ayudarla. Logramos disminuir el dolor y dormirla, pero no fue posible desligarla del cuerpo.

– Está agitada y cansada – dijo mi compañero –. No podrá ir hoy. Será para la próxima vez.

– ¿Sentirá pena por no ir? – Le pregunté a mi compañero.

– Sí, a todos les encantan estas reuniones fraternales. Pero en el cuerpo solo puede sentir una ligera impresión de que estaba yendo a un lugar agradable y no fue.

A veces la dificultad es diferente. Como cuando uno de los invitados cuyo padre había desencarnado y él estaba en el velorio. También conocimos a un invitado que había ido a una fiesta y no dormía a tiempo.

Otro, que había estado bebiendo con amigos.

– No podemos tomar a nadie con fluidos de bebidas alcohólicas. Él irá la próxima vez.

Este trabajo en equipo también consiste en ciertas ayudas después de las reuniones. A veces los invitados hacen llamamientos, piden opiniones y ayudan. Se crean equipos que se dirigen a estas personas lo antes posible. Las mayores quejas cuando tomé el curso fueron: falta de poder económico y ataque de los hermanos ignorantes. (Ataques de hermanos ignorantes o espíritus que temporalmente siguiendo el camino del mal, los cuales tratamos de resolver de muchas maneras, pero al menos intentamos aliviar estas presiones. No puedo describir lo que usamos o lo que hacemos. Pero lo principal es alentar a los encarnados a vibrar mejor para no entrar en la onda de sus vibraciones).

Comenzamos nuestro trabajo visitando a personas y editoriales, estudiamos la situación, tratamos con los encarnados para resolver los problemas.

También tuvimos solicitudes para inspirar portadas, folletos o cómo hacer el mejor libro. Además de dar una opinión sobre si este o aquel libro debe ser editado. Los libros que pasan por la Casa del Escritor ya están aprobados, aunque otros, no siempre. Cuando hay algunos buenos escritores no afiliados a la Casa, se trata de invitarlos a unirse. Este trabajo es bueno.

Le pregunté a Otacílio.

– ¿Conoces alguna invitación de membresía de la Casa que haya sido rechazada?

– Sí, tenemos invitaciones rechazadas. Tanto de escritores encarnados como desencarnados. Muchos no quieren seguir las regulaciones de la casa y no están afiliados. Tenemos rechazos de médiums psicógrafos también por las mismas razones. La causa principal es la prisa. Muchos no tienen la paciencia para un entrenamiento más grande y mucho estudio. No todos los médiums psicógrafos se preparan para serlo.

– ¿Incluso escriben sin preparación? – pregunté

– Sí, tienen libre albedrío. Desafortunadamente, su trabajo no sale como debería.

Fui parte de este equipo con gran placer. Como António Carlos me había dicho, la Casa del Escritor es muy ocupada y ser parte de este equipo significa estar siempre alerta. El equipo está listo para responder cualquier solicitud de ayuda de sus miembros, respondiendo llamadas de compañeros que trabajan con quioscos, editores, ferias de libros espíritas.

Fue un placer y mucho aprendizaje para mí.

7.– Aprendiendo Siempre

Durante el curso comencé a prestar más atención a las personas y siempre estaba pensando: "¿Qué le pasó a esa persona para ser así?

¿Por qué hace esta tarea? ¿Será que corrige errores? Empecé a parecerme a mi amigo António Carlos. Una coleccionista de historias.

Fue con él que comenté sobre este hecho.

– António Carlos, todos tenemos una historia. He observado a las personas y me pregunto cuál es la causa que la lleva a tal efecto. Tengo curiosidad, por ejemplo, de saber cuál fue la razón por la cual la tía Vera tuvo esta reacción. Siendo un médium psicógrafo. ¿Hay una causa?

– Hay muchas causas que a veces conducen a la misma reacción. Y no todos los médiums lo son por la misma razón.

Algunos errores de reparación, otros tienen la oportunidad de trabajar por el progreso. Los médiums psicógrafos no son la excepción. Hablando de tu tía, ella repara errores. Alrededor de 1700 encarnó y se dedicó a la Literatura. Su espíritu, quien en esta encarnación es su tía, siempre ha amado leer y escribir, aunque ha abusado de este regalo. Volviendo a su encarnación de 1700 en Francia, ella ocupaba el cuerpo de un hombre, era un escritor ateo, mintió a sus lectores, transmitió la idea de que Dios no existía y la alentó con placeres mundanos. Desencarnó, fue asesinado por uno de sus enemigos. El sufrió mucho. Tuvo otras encarnaciones. Perdió el don de escribir por el abuso y el remordimiento. Muchas veces. Patricia tenemos un don, mejor dicho, cuando sabemos cómo hacer algo y cometemos errores, sufrimos y el remordimiento nos hace rechazar ese conocimiento. Esto ha ocurrido. Al pedir reencarnar esta vez, al ver este error sin reparar, ella se preparó para construir lo que destruyó en el pasado con su escritura. Sencillamente no lo hace por sí misma. Es intermediaria, escribe pensamientos de otros. Si alguna vez exaltó el materialismo, hoy predica el Espiritismo. Si trataste en el pasado de negar la existencia de Dios, hoy exaltas al Creador con un Amor profundo. Trabaja construyendo, repara errores y hace el bien.

– ¡Eso es excelente! En lugar de sufrir por un error, ¡trabajas reparando!

Y casi siempre trabajamos en el área donde cometimos los errores. Pero este hecho no es una regla general. Para ti es la primera vez que trabajas con Literatura y no está reparando errores, es solo otra tarea encomendada. Por eso te digo que no es una regla general. Muchos trabajos son tareas, oportunidades para aprender y crecer espiritualmente. Medité mucho sobre este tema y pensé que era genial reparar errores trabajando en el Bien, reformando internamente para mejor. Nuestras clases siempre han sido muy interesantes. Nos contaron muchas historias para que escribiéramos, como la de María da Peña.

– Tomo este curso y luego tomaré otro que me preparará para ser un médium, encarnada, – dijo con gentileza.

– Debo, estando encarnada, psicografiar. Sí, quiero y pretendo ser una buena médium psicógrafa.

– ¿Tienes razones para esto? – preguntó Henry.

– Sí. En la encarnación anterior fallé como médium, quiero volver a serlo, así que me preparo para sentirme más fuerte y no fallar. Te cuento mi historia. Nací en una familia humilde y pobre, desde pequeña tuve visiones y escuché voces. Mi abuela era una curandera y con ella aprendí a bendecir a una edad temprana. Me casé joven y tuve un hijo tras otro. Durante este período, mis facultades mediúmnicas estaban dormidas. Tuve dieciséis hijos. Creo que es esta razón la que hace que las personas, tan pronto como me conocen, sientan mi afecto materno, o también porque siento por todos el amor de una madre, explicando así por qué me llaman cariñosamente la madre de todos. Gracias a este amor no sufrí tanto. Mi hijo menor tenía cinco años cuando mi esposo perdió lo poco que tenía y estábamos en la miseria más oscura. Pasamos mucha hambre. Empecé a sentir la mediumnidad y fui a un Centro Espírita y allí me aconsejaron trabajar en la casa. No estaba interesada, quería en ese momento encontrar una manera de ganar dinero. Ayudada, aconsejada por espíritus que no quieren vernos en el trabajo edificante, a quienes escuché, por lo tanto, encontré una manera de ganar dinero, usando mi mediumnidad de manera incorrecta.

Entonces comencé a leer la suerte, a bendecir, a eliminar el mal de ojo y deshacer trabajos. Hice esto en mi casa y siempre cobraba. Para ver la suerte, el futuro de una persona, basta tener cierta sensibilidad y aprender a hacerlo. La mayoría de las personas que hacen esto leen el pasado, presente y futuro de otra persona; de alguna manera usa el ritual físico para leer el aura del consultante. Pocas personas saben cómo hacer esto, pero no todo se puede revelar. Otros saben un poco y con ese poco engañan, aciertan en algunas cosas y fallan en otras también. Para bendecir e impresionar, recé con ramas verdes y recetaba algunas "curas" que mi abuela me enseñó. Pero mi abuela, aunque pobre, nunca cobraba nada. Con este dinero alimenté a mis hijos. Los trabajadores del Centro Espírita donde fui a veces intentaron alertarme diciendo que, si el buen espíritu me daba comida, yo también tenía que dar.

Nuestra situación económica mejoró, mi esposo volvió a la normalidad y los niños mayores comenzaron a trabajar. Uno me obsequió la colección de libros y consejos preciosos de Allan Kardec. Me dijo amablemente: "No debes cobrar, busca un Centro Espírita y trabaja para el Bien. Da gratis lo que recibiste gratis."

Pero la vanidad de haber ayudado a muchas personas y ser citada como buena sanadora y buena vidente, me hacía sentir orgullosa. No quería dejar lo que estaba haciendo para aprender en un Centro Espírita. Pero a pesar de cobrar, ayudé a muchas personas. Sabía cómo eliminar los fluidos nocivos de los encarnados, fluidos que una persona pasa a otra como proyección de envidia, celos y odio. Con mis oraciones y rituales, mi mente trabajó para resolver algunos problemas, fui una especie de magnetizadora. Ciertamente, no resolvía todos los problemas, cuando había espíritus con los encarnados, lo que hice fue rezar por ellos. Y, pensando que el dinero siempre es bienvenido, siempre cobraba. Al principio me justifiqué diciendo que era comprar comida para mis hijos, luego, era porque siempre necesitaba comprar algo, pero siempre eran objetos superfluos. El hecho fue que siempre tuve algo que ver con el dinero para mi propio beneficio, para mis hijos y nietos. Olvidé hacer la caridad. Yo, que había pasado por la pobreza, dejé de ayudar a otros que también estaban pasando por la miseria. Muchos pueden hacer lo que hice sin saber el gran error que se comete. Pero lo sabía, tuve la oportunidad de ser advertido, no le presté atención. Leí los libros de Allan Kardec, les puse la "tapa" en otros, es decir, di las advertencias de los libros a otros, justificándome. El hecho es que no los entendí lo suficientemente bien como para saber que no debería cobrar y que debería trabajar con mi mediumnidad en un grupo y rendirme para hacer el Bien. Lo que me consuela es que no hice el mal. Durante muchos años viví así, hasta que desencarné. Como dije, no sufrí demasiado por tener algunos factores a mi favor, como haber pedido la oportunidad de crecer y reparar errores pasados con mediumnidad. Porque, recordando la existencia anterior, vi que era una monja severa que perseguía en el convento y quien tenía alguna mediumnidad. Uno no debería llorar por el pasado, solo aprender lecciones para el futuro. Anhelo una nueva oportunidad y planeo reencarnar y volver a ser un médium.

Esta vez quiero, a través de la psicografía, educarme y tratar de educar a muchos. Debo ser pobre otra vez y superar la tentación de usar mi mediumnidad para obtener ganancias materiales.

Maria da Peña guardó silencio y respiró hondo, pero luego sonrió y estaba llena de esperanza. Nosotros también sonreímos No es porque se cometió un error, que ya no se puede ganar en el futuro.

– Maria da Peña, ¿sabrás leer de nuevo la suerte? – preguntó Ruth.

– Amiga, cuando sabemos algo, este conocimiento es nuestro, ya sea bueno o malo. Ciertamente podré recordar o aprender fácilmente. Pero no lo haré por dinero, mi deseo es no hacerlo. Si el futuro fuera para que lo supiéramos, cada uno de nosotros vería el nuestro. No veo cómo hacer el bien que quiero leyendo suerte. No, Ruth, no quiero volver a hacer esto.

– Tú, María da Peña, en la encarnación anterior ¿te preparaste para encarnar? – preguntó Osvaldo.

– Sí, me preparé, pero no mucho, por eso ahora me estoy preparando para el próximo. Me esfuerzo por arreglar estas enseñanzas en mi mente. Tengo mucho miedo de cometer errores, pero también tengo mucha confianza. Hay un amigo que permanecerá desencarnado y me acompañará, será mi guía, protector, es una persona estricta y buena que me ayudará con la psicografía. Nos estamos preparando para escribir hermosas obras en el futuro. Estas clases de redacción son muy importantes para mí, aprendo a contar historias para que en el futuro sea más fácil escribirlas.

Con sana curiosidad, le pregunté al Maestro Aureliano:

– María da Peña aprende a escribir historias. ¿No sería también importante para ella aprender a fijar fechas y nombres para que, cuando se encarne, en una médium psicógrafa, pueda escribir fácilmente estos ítems?

– Tu pregunta, Patricia, es muy interesante. Será que, si María da Peña, quien falló anteriormente, en su próxima encarnación, tenga la facilidad de recibir, psicografiar fechas y nombres, ¿no tendría su vanidad herida? ¿No sería demasiado peso para sus débiles hombros? Pocos están preparados para este evento. Qué bueno sería que todos los desencarnados pudieran, a través de los encarnados, probar su identidad con nombres y fechas que el médium desconociese. Pero ¿para estos médiums no sería una puerta abierta a su perdición? ¿No estarían vanidosos y orgullosos debido a eso? De hecho, si todos pudieran, como Chico Xavier, escribir en los mensajes fechas y nombres que prueben quién es realmente la persona evocada que escribe, sería genial para la credibilidad de muchos. Pero, como dije, es una carga pesada que solo los hombros fuertes pueden soportar sin perderse.

Chico Xavier logró esto con muchos años de trabajo y estudio solo después que logró superar su vanidad. Ir escribiendo hechos es suficiente para comenzar, luego otros factores vendrán con el tiempo. A buen entendedor, pocas palabras.

– Y tú, Aureliano, ¿no tendrás también una historia interesante? – preguntó Henry sonriendo.

Aureliano sonrió y, en su manera sencilla, habló de sí mismo.

– Soy un espíritu antiguo. Hace mucho tiempo descubrí el gusto por la lectura y la escritura. En mi memoria, recuerdo mis primeras encarnaciones en la Tierra, haciendo dibujos en piedra. También siempre me gustó enseñar lo que sabía. Soy un maestro de toda la vida. En mis andanzas por la Tierra, siempre en mis encarnaciones, aprendí a leer, escribir y aprendí mi gusto por la Literatura. Ciertamente tengo muchas historias de amor, enemigos y victorias para contar sobre mí. En las últimas encarnaciones intenté buscar a Dios en diferentes religiones. Lo encontré dentro de mí. He estado desencarnado durante trescientos años y en este período me dedico a la enseñanza. Cuando se creó esta Casa, vine aquí con gran alegría. Enseño dieciséis horas al día, aquí y en la Colonia de Estudio. El resto, ocho horas, las dedico a la Literatura que tanto amo.

Es decir, me dedico a ayudar a ex alumnos encarnados, leer nuevos trabajos y tratar de aprender a enseñar mejor.

– ¿No reencarnas, Aureliano? – preguntó Adelaide.

– No está en mis planes. Debo seguir enseñando en el plano espiritual durante mucho tiempo. Preparar espíritus que necesitan encarnar es mi objetivo.

– ¿Tu tranquilidad tiene una causa? – pregunté.

– Ciertamente, el de la conciencia tranquila. Actualmente recordando mi pasado no tengo nada que reparar. Si reencarnara sería para progresar, pero hago este progreso aquí mismo. Aprendo mucho enseñando.

– Cuando reencarnes, te extrañaremos aquí – dijo Ruth.

– ¡No! Nadie es insustituible. Digamos que estoy bien preparado para mi trabajo. Y me alegro de tu afectuoso comentario. Yo creo que cuanto más se preparen los desencarnados para la encarnación, tendrán más posibilidades de progresar, de hacer buenas tareas. La Tierra necesita mucho aprendizaje.

Mi admiración por Aureliano creció aún más. Qué agradable es encontrar personas dispuestas a transmitir a los demás todo lo que saben. ¡Es fantástico enseñar!

8.– La Biblioteca

Un lugar que me gustó y realmente me gusta ir es la biblioteca. La biblioteca de la Casa del Escritor es realmente fantástica. Es amplia, todo es muy claro, con hermosos candelabros y grandes ventanas redondas, con algunos vidrios de colores que forman delicados dibujos en tonos claros. Tiene muchos estantes, todo catalogado y muchos escritorios para investigación y cómodos sofás. Para encontrar lo que quieres leer, tenemos a Aurélio, un dispositivo avanzado similar a la computadora que se tiene en la Tierra. Pero también hay un bibliotecario disponible para ayudar a los lectores.

La colección de libros antiguos es encantadora. Allí se presentan la Biblia y los Evangelios, con diferentes traducciones, grandes, pequeñas, ilustradas, con dibujos de los apóstoles que son maravillosas obras de arte. En todas las bibliotecas del Plano Espiritual se encuentran los Evangelios y algunos libros importantes sobre ellos. Justo en la entrada hay una estantería con los libros de Allan Kardec, en francés y portugués. La Colonia otorga un alto valor a estas obras. Junto a ellas también encontramos la bibliografía del maestro francés y también de sus principales compañeros y médiums que lo ayudaron. Hay un libro que el propio Kardec escribió cuando desencarnó, para las Colonias de Literatura en particular, en el cual habla de sí mismo y de su trabajo. El libro es pequeño y sencillo, habla sobre las dificultades que encontró durante su trabajo, sus dudas, las aclaraciones y sus amistades.

– ¡Qué libro tan hermoso! Podría ser más detallado, ¿no te parece? – le pregunté al bibliotecario –. Escribió muy poco de sí mismo.

– Muestra la simplicidad de nuestro codificador. Tenemos aquí bibliografías mucho más extensas, escritas por otros compañeros.

Creo que Kardec, al hacer este libro, quería ejemplificar que también luchó con sus vicios y defectos, que luchó para hacer su trabajo y que le llevó horas, días y años de lucha lograrlo. No fue un trabajo fácil, ni se recibió sin esfuerzo.

Nos muestras que, si tuvo éxito, todos podemos hacer algo útil también.

– ¿Podrán los encarnados leer este libro algún día? – pregunté de nuevo.

– No está en los planes divulgarlo entre los encarnados. Este libro solo se encuentra en las bibliotecas de las Colonias de Literatura.

Ciertamente lo tomamos prestado y mucho. Todas las Colonias que se dedican, como la Casa del Escritor, a la literatura edificante, tienen un afecto especial por las obras de Kardec y un lugar destacado.

Lo había visto en otras Colonias, bibliotecas y salas de video mucho más grandes y mejor equipadas que en la Casa del Escritor, pero aun así era encantador. Cuando necesitábamos o queríamos leer una obra que no estaba allí, tomamos prestado de otros. El préstamo es muy fácil. La pedimos a través un dispositivo, que nos recuerda ligeramente al fax, y en cuestión de minutos recibimos la obra.

A la derecha de la biblioteca están los libros espíritas, todos los buenos ya están editados para los encarnados. También hay obras escritas por desencarnados que los encarnados no conocen. Algunos muy importantes sobre el tema de la Doctrina Espírita. ¡Qué lindo sería leerlas! En la Colonia, a todos les encanta aprender, están sintonizados por el gusto literario y tienen el objetivo común: difundir y hacer buenas obras.

El material entregado por María Adélia exigió mucha investigación e hicimos mucho trabajo. En estas ocasiones, los ocho fuimos a la biblioteca. ¡Qué gusto! Pasamos horas leyendo e informándonos.

Hicimos hermosos trabajos.

También fui mucho a la sala de videos. A menudo he revisado videos sobre la formación de la Tierra y los principales eventos de nuestro planeta Lo que me gusta especialmente es ver todo lo que se tiene sobre Jesús. Fueron grabados cuando estuvo encarnado. Podemos ver los hechos principales que le sucedieron, todas sus enseñanzas y parábolas. Son encantadores, sus dichos son maravillosos. La primera vez que lo vi, lloraba todo el tiempo. Incluso ahora, que he perdido la cuenta de las veces que los vi aun, me emociono, en ciertas partes, lloro. También me gusta ver los videos que tenemos sobre Allan Kardec. Él trabajó con su equipo, tanto encarnado como desencarnado organizando *El Libro de los Espíritus* y *El Evangelio según el Espiritismo*.

Para aquellos a quienes les gusta aprender, lugares como este son realmente atractivos.

Fui muchas veces a las reuniones en la casa. La Colonia recibe visitas de residentes de otras casas y de diferentes países. Se intercambian muchas ideas. También se reciben muchas personas importantes en la Literatura, tanto encarnados como desencarnados.

Casi todos afiliados a la Casa. De una manera especial, me enamoré de los escritores espíritas: Emmanuel, André Luiz y Joana de Angelis. André Luiz siempre que le fue posible ofreció a la Casa sus conferencias instructivas y cautivantes. Fue una alegría inmensa escuchar a Emmanuel en una reunión con todos los miembros del Oriente Medio.

Es un placer ver a escritores y médiums encarnados en reuniones de incentivos y aclaraciones. Para muchos, la Casa es como una fuente de energía y fortaleza, donde se benefician, restauran y más: reciben el apoyo espiritual que necesitan. Porque, a veces, los encarnados pasan por períodos difíciles y necesitan el afecto de los amigos para no desanimarse.

Me encanta preguntar, saber, así que siempre busqué compañía de quienes pudieran enseñarme. Hablé mucho con el amable y educado director de la Casa. Entonces supe todo lo que quería.

– Sr. Director, cuénteme un poco sobre la Casa, su trabajo, los afiliados.

– Patricia – dijo siempre amablemente – Me encanta esta Casa y hemos trabajado duro para que nuestro trabajo dé frutos. Sus metas, sus obras son maravillosas. Hemos prestado mucha atención a todos los que trabajan con literatura espírita. Nuestra lista de afiliados es larga. Todos los que difunden, venden, editan y escriben la Literatura Edificante tienen nuestra asistencia. Si hacen este trabajo durante dos años continuos, los afiliamos a la Casa.

– Si una persona trabaja un cierto tiempo y se va, ¿todavía está afiliada?

– Haremos todo lo posible para alentar a que no abandone o a que regrese.

Pero siendo libre, ciertamente puede abandonar la tarea que comenzó. Si, después de una insistencia de nuestra parte, ella realmente se va, se estudia la causa que condujo a este abandono. Porque a veces hay justificaciones, como enfermedades, entre otras algunas dificultades serias.

En este caso, sigue afiliado. Pero, si no hay razón, puede desconectarse, pero siempre funcionará para su ventaja.

– Al desencarnar, ¿reciben los miembros alguna ayuda especial? – pregunté de nuevo.

– Los que ayudan a la buena literatura generalmente leen y aprenden mucho. La mayoría, con algunas raras excepciones disfrutan lo que leen por su propio bien, por tanto, merecen ser ayudados después de la desencarnación. Si son dignos, entonces si reciben ayuda. Cuando prevemos la desencarnación de un afiliado, nuestro equipo lo ayudará en los últimos días, en su desconexión y lo llevará a una Colonia de Socorro de su elección o al espacio espiritual de su ciudad material. También se puede llevar a Puestos de Socorro. Después de esta ayuda, depende de ellos permanecer en el lugar donde fueran transportados o no. Todos tenemos el libre albedrío para querer ayuda o no. Es difícil que haya un caso donde el afiliado no acepta nuestra ayuda.

Como dije, lo hace al leer, publicitar, vender o incluso escribir buenas obras.

– ¿Ha sucedido alguna vez que un afiliado no merece esta ayuda? – pregunté con curiosidad.

– Lamentablemente sí. Pero, gracias a la bondad del Padre, es muy raro. Aun así, lo observamos y, cuando es posible, es rescatado.

– ¿Se les ha ocurrido alguna vez a espíritus ignorantes tratar de vengarse de espíritus afiliados, cuando estos recientemente desencarnan? Esta venganza que digo – expliqué – sé que no tiene razón para serlo. Sin embargo, he escuchado mucho por aquí que estos hermanos se vengan, blasfeman, maldicen. Lo que quiero saber es si por casualidad quieren vengarse de quienes hacen el bien.

– Tu pregunta, Patricia, es muy interesante. Estos hermanos están celosos del esfuerzo que hacen muchos hermanos para progresar y hacer el bien. Hablan, pero hacerlo es otra historia. No pueden. Solo podrán hacerlo si esta persona se preocupa y vibra como ellos, pero tendrán la oportunidad de recibir siempre ayuda y consejos de parte de los buenos. Realmente escuchamos a estos hermanos hablar mucho así; sin embargo, a veces el bien puede obstaculizar su maldad. No obstante, nuestro trabajo, un buen libro es una gran cantidad de buenas semillas que han dado fruto en muchos corazones. Y puede ser molesto, pero, respondiendo tu pregunta directamente, no pueden. Primero, porque ya he dicho que nuestros afiliados reciben asistencia y, cuando desencarnan, los que quieren vengarse ni siquiera pueden acercarse. Es cierto que el trabajador del Bien recibe su salario en el momento de la desencarnación. Quien hizo buenos amigos trabajando para el Bien, son fieles, ayudan cuando es necesario. En cuanto a las maldiciones, sus plagas contra el bien, vuelven a ellos por no encontrar resonancia.

– No hay recién desencarnados aquí. ¿No pueden traerlos aquí?

– No, este es el lugar para aquellos que están totalmente adaptados al Plano Espiritual. Incluso la desencarnación de los justos trae incluso la necesidad de recuperación y descanso. Incluso si su adaptación a la vida espiritual es breve, debe hacerse en un lugar adecuado.

Por eso los llevan a la Colonia de Socorro. Muchos, después de un período, pueden elegir qué hacer a continuación. Tenemos muchos que fueron miembros encarnados y que luego prefieren otras formas de actividades.

– ¿Se puede unir después de ser desencarnado?

Pregunté y me reí. ¿No me había pasado esto? Pero, como pregunté, este amable caballero respondió amablemente.

– Ciertamente. Tú, Patricia, te uniste ahora. Cuando encarnaste, aunque te gustaba la buena literatura y los libros espiritistas, trabajabas con ellos para ser una afiliada. Esto pasa mucho. Muchos millones tuvieron la oportunidad de unirse cuando se encarnaron y lo hicieron después.

Aprovecho esta oportunidad, Patricia, para decirte que es un placer tenerte con nosotros, aunque sea por poco tiempo. Conozco tus planes y te ánimo.

Siempre debemos luchar y esforzarnos por conseguir lo que queremos.

– He visto encarnados no afiliadas en reuniones. ¿Por qué?

– Todos son amantes de la buena lectura. Vienen aquí porque se sintonizar con la Casa y sus residentes. Vienen a recibir incentivos. Este hecho ocurre raramente. Nuestra preocupación es con los afiliados.

– ¿Puede suceder que en ciertas ocasiones los afiliados reciban una remuneración material?

– Sí. Tenemos conocimiento de ello.

Los empleados de los puestos de periódicos tienen su salario para sobrevivir.

Desafortunadamente, hay quienes lo hacen solo por su salario, como si fuera un trabajo como cualquier otro, estos no están afiliados. Los que trabajan con amor, aunque tengan la remuneración, se afilian a la Casa del Escritor, de manera diferente de las demás. El director vio cómo era difícil entender.

– Todo el mundo trae el Bien, de hecho.

La Casa se ocupa de la parte literaria, de los médiums psicógrafos, y también de su protección. Quien hace el Bien también se gana un lugar, porque otros trabajan por el bien de él y de otros amigos. El Bien también es brindar ayuda con afecto en el Centro Espírita. Es parte del proyecto de brindar apoyo a todos los médiums. Observa la Casa móvil mientras se mueve por el Brasil, alentando a todos los médiums a estudiar y ser útiles para el Bien.

No estaba satisfecha, había muchas preguntas que quería hacer.

Tenía miedo de ser intrusiva. Pero amablemente, como siempre, me animó a preguntar.

– Pregunta lo que quieras, Patricia, te responderé tanto como sea posible.

No me hice de rogar y continué.

– ¿Qué les sucede a quienes venden libros buenos, pero también venden libros malos?

– Tratamos de alentarlos a que se queden solo con los buenos. Aunque lo que se dice malo se puede clasificar de varias maneras. Debemos analizar qué tipo de mala literatura se vende. Pueden ser malos los libros de mal gusto y aquellos que no dicen nada bueno ni malo puede ser malo. Ahora, si son obras que fomentan el crimen, las adicciones, las drogas, sexo, entonces son dañinos. Si esta persona no cumple con nuestra solicitud de conservar solo lo bueno, no puede estar afiliado.

¿Puede un encarnado pedirle a un escritor desencarnado que trabaje con él?

– El pedido puede, pero para poder servirle, su pedido debe ser analizado. ¿Este encarnado tiene las condiciones para servir de instrumento? ¿Es un médium psicógrafo? Si es así, ¿es un estudioso? ¿Es paciente y perseverante para entrenar y afilar su instrumento? Si las respuestas son positivas, todavía tenemos que considerar si el espíritu por el que pregunta está disponible y quiere. Ahora, si su solicitud es para cualquier escritor desencarnado, es más fácil cumplirla. Pocos buenos escritores son conocidos por los hombres, pero muchos son conocidos por Dios.

Le agradecí a este amigo por ser tan amable al responder tantas preguntas. Siempre he estado agradecida con las personas que amablemente responden mis preguntas, en mi afán de aprender más y más. Y siempre fue un gran placer participar en conversaciones tan agradables.

Esa tarde estaba eufórica, íbamos a recibir una visita importante para mí, aunque todas las visitas que recibe la

Casa son importantes y no se hace distinción entre sus invitados.

Pero esa tarde siempre admiré al visitante, Francisco Cândido Xavier, por su dedicación a la literatura espiritista. Se necesitaron horas y horas de trabajo, resignación, esfuerzo para poder escribir tantos libros. Recordé uno de los comentarios que siempre hace António Carlos: "El médium es el compañero del escritor. Podemos decir que escriben en parejas."

Lo esperé en el patio delantero. Él vino con Emmanuel. Estaba encantada.

– ¡No es tan viejo! ¡Se ve tan saludable!

António Carlos, que estaba a mi lado, sonrió ante mis exclamaciones.

– Patricia, nuestro periespíritu demuestra lo que realmente somos. A veces una persona mala tiene un físico hermoso, pero su espíritu es feo. Lo contrario puede ocurrir. No es que el periespíritu sea totalmente diferente del cuerpo carnal, sino que la armonía y la amabilidad dan la perfección. El desequilibrio y desarmonía malvada, es deformante. Miras a Chico y lo reconoces, sientes que es él. Sabes que su cuerpo está desgastado por el tiempo y la enfermedad, pero su periespíritu no lo es. Es hermoso por la armonía y la sencillez que tiene. Realmente se ve más joven. Su espíritu con entendimiento irradia al periespíritu salud y alegría de la misión cumplida. Has visto muchas personas desencarnadas que tienen fuertes reflejos de enfermedad, vejez y necesidades en los periespíritus. Otros tan pronto como desencarnan, a través de la comprensión y el mérito, ya tienen su periespíritu armonizado. Pero aun otros, incluso encarnados, ya están liberados de estas necesidades. Tienen salud espiritual porque cultivan lo verdadero, lo eterno, la experiencia del bien, del espíritu.

Tan pronto como llegó, había muchos para saludarlo. Traté de acercarme. Tímidamente, lo miré de cerca. Él caminó, yo caminé detrás. Para todos tenía una palabra amorosa y un recuerdo increíble, preguntaba por hechos y por amigos en común.

En un momento en que estaba solo, me armé de valor y me acerqué. Me saludó con la mano y me miró con gran afecto. Le dije

– Gracias, Chico, por no renunciar a tu tarea y tener, junto con tantos escritores, legados libros maravillosos.

En particular, estos libros me han ayudado mucho y ayudan a mucha gente. Él sonrió y preguntó:

– ¿Tomas un curso en la Casa?

– Sí, me estoy preparando para dictar a los encarnados.

– ¿Entonces crees que hice algo bueno? ¿Qué hago?

– Creo que sí.

– ¡Entonces haz lo que hice!

Pasó una mano suavemente por mi cabello y, sonriendo, concluyó:

– Que buenos ejemplos sean tus objetivos. ¡Que el Padre te bendiga!

Estaba tan conmovida que sentí que mis ojos se llenaban de lágrimas. Otros compañeros se acercaban y él siempre tan atento volvía a prestarles atención.

Todos fuimos invitados a escuchar una conferencia. Humberto fue el orador. Como siempre, el tema era la Literatura. Habló de las dificultades para hacer buenos libros. Que muchos buenos escritores de hoy fueron desencarnados. Y que no todos podrían usar la psicografía por falta de buenos médiums e instrumentos dedicados y correctos. Se necesita valor para hacer buenos libros.

Materialmente es difícil y desafortunadamente se vende poco. Pero terminó alentando a todos a un buen espíritu y un trabajo incansable. No hablaba mucho. Después invitó a Chico a hablar. Siempre sonriendo, este conocido espírita y médium se levantó y, frente a todos, dijo algunas palabras.

– Hermanos, ¡que Jesús esté en nuestros corazones! Lo que dijo Humberto fue útil en los acontecimientos actuales.

Necesitamos buenos escritores y médiums encarnados que acepten la fiel tarea de intermediarios. Médiums sin vanidad, que trabajan con buena voluntad y que no tienen prisa por editar, luego de comenzar la psicografía. Hay una necesidad de entrenamiento y estudios de la Doctrina y los trabajos de Kardec. No deben quedarse con miedo de hacer, ni sentirse desanimados. E incluso si no creen que valga la pena. Este trabajo no dará frutos materiales, sino espirituales. Reunidos aquí, pensemos en la necesidad de trabajar siempre.

Si están encarnados, que vuelvan al estudio con seriedad y dedicación. Nada se hace de la noche a la mañana. A los desencarnados, los animo a encarnar y dedicarse en el plano físico a elevar la Literatura Espírita. Y que también se preparan para ser médiums psicógrafos. Hizo una pausa y uno de los oyentes preguntó:

– Chico, terminé un curso que me preparó encarnarme como médium psicógrafo. Tengo miedo de perderme, creo que no podré dedicarme tanto, renunciar a los placeres de lo material para dedicarme a la capacitación, el trabajo, los libros. ¿Qué me dices? Sé que tu existencia encarnada no ha sido fácil.

– Tampoco es difícil. No me sacrifiqué. Cuando haces lo que amas, todo es más fácil, es un placer. Fui y estoy muy feliz.

Gané más de lo que imaginaba. La tranquilidad y la paz que siento son una recompensa muy alta. La amistad que tengo no tiene precio. Ame, trate de amar más, y logrará hacer lo que planeas. Ame y todo te será más fácil.

La reunión terminó con una hermosa oración.

Fue una noche memorable.

9.– En el Umbral

Hicimos innumerables excursiones al Umbral, en grupos o solos, con el propósito de ayudar, y también recolectando historias que escribiríamos en las clases de escritura.

Después de tanto tiempo sin cuerpo, me acostumbré al Umbral, ya no tenía miedo y ni siquiera parecía un lugar horrible, tal como lo encontré la primera vez que lo vi. El miedo no tiene razón de ser cuando entendemos que nuestros hermanos están allí. Es un lugar feo, es consecuencia de la experiencia equivocada del ser humano. Y, según mis recuerdos, había sido mi hogar temporal en existencias anteriores.

Las conversaciones grupales son difíciles. Atacan o quieren que seas parte de su equipo. Entonces, nosotros nos dirigimos a aislados o agrupados por el sufrimiento. Llegábamos cortésmente y ofrecíamos ayuda de una manera sutil. Por ejemplo:

– ¿Quieres que te ayude a sentarte aquí? ¿Quieres agua? Dame tu mano para salir de allí.

De no ser así, si no, quieren cosas imposibles de inmediato: que los ayudemos a vengarse, a acercarse al encarnado, a hacerse fuertes para ser más grandes, etc. Pero siempre encontramos a los necesitados de ayuda y era raro que, en estas excursiones, no volviéramos con muchos ayudantes que llevamos al Puesto de Socorro más cercano.

Cuando estaba sola, siempre daba preferencia a aquellos que me parecían los más sufridos y más humildes. Me acercaba a ellos y comenzaba a hablarles, leía fácilmente sus pensamientos y aprendía sobre sus vidas. Esto no solo se hizo para escribir alguna historia, sino también para ayudar. Como cuando conocí a una joven atrapada en una cueva. La saqué y fuimos a sentarnos en una roca a poca distancia de donde estaba atrapada.

– ¿Por qué estabas atrapada? ¿No quieres contarme sobre ti? – le dije, mostrándole amistad y dándole el agua fluidica que traje conmigo. Tomó el agua con el ansia de los sedientos, me miró durante mucho tiempo y me preguntó:

– ¿Quién eres tú? Me sacaste de la cueva, ¿no le temes a mi verdugo?

Ella hablaba bien, mostrando ser instruida. Tenía el pelo despeinado, enredado, que le llegaba al hombro. Delgada y con ropa hecha jirones. Tenía algunas heridas.

– No tengo miedo. Déjame pasar esta agua sobre tus heridas.

Ella se dejó, sumisa. Le pasé el agua y, con la fuerza de mi mente, la estaba sanando.

– ¡Pucha! ¡Usted es espectacular! ¡Me está curando!

Casi todas sus heridas se cerraron.

– ¿No quieres conversar conmigo?

– Desencarné hace doce años, a los treinta y siete. Tan pronto como dejé el cadáver, este verdugo me atrapó y me ha tenido apresada. ¡Es horrible!

– ¿Qué le hiciste para que te mantenga así? – pregunté.

– Nada de más. Cuando estábamos encarnados éramos amantes, pero él estaba casado. Decidí dejarlo, no se resignó, entonces me dio una bebida. Me culpa de muchas cosas malas que le sucedieran. Me ama y me odia, me tiene presa por celos y por no amarlo.

Bueno, si no hubiese leído sus pensamientos y supiera solo una parte de la historia, la que me contó, pensaría que este hecho fue tremendamente injusto. Pero aquí, no hay injusticia. Los rescatistas siempre están al lado del Umbral, ayudando a aquellos que están listos para vibrar de manera diferente.

La historia que leí en sus pensamientos era otra. Ella era voluble y mala, terminó conquistando a un hombre casado, un buen esposo y un excelente padre. Acabó con todo lo que él tenía financieramente y quería que dejara a su familia. Él no quiso y la dejó. Ella planeó vengarse. Hasta que un día logró envenenar el agua de su familia. La niña de tres años desencarnó envenenada.

Su otra hija de cinco años tenía la laringe y la lengua dañadas, casi no podía hablar. Él, su esposa y su otro hijo sufrieron intoxicaciones menores. Sospechaban de ella, pero no tenían forma de demostrarlo. Su esposa lo acusó de aquello y se fue con sus dos hijos a la casa de sus padres. Él comenzó a beber y se convirtió en un trapo humano. Quería volver con su amante, quien ya no lo quería, entonces se quedó sin dinero. Para tener dinero, fue a robar y terminó en prisión, desencarnó en prisión. Ella todavía cometió muchos otros errores. Él, como verdugo, la llamaba, esperó a que ella desencarnara para vengarse.

– No contaste toda tu historia – le dije –. ¿La muerte de una persona inocente no pesa en tu conciencia? ¿Por qué envenenaste el agua de su familia?

– ¿Cómo sabes eso? ¿Eres una bruja? ¿Lees el pensamiento? ¿Estás aquí para acusarme?

Se levantó y respondió con fuerza, dejó caer su máscara de la humildad. Yo respondí con calma:

– No, solo trato de ayudarte. Pero, para ayudarte, debes lamentar tus errores y repararlos.

– ¿Estás loca? Nunca me di cuenta de nada. ¡Lo que hice ya está hecho! ¡Se lo merecían! No quiero consejos Eres desagradable para mí. ¡Te odio!

¡Odio a todos!

Salió corriendo. No fui detrás. El Umbral por ahora era el mejor hogar para ella. Quizás su verdugo ya no la encontraría. Él también necesitaría reconocer parte de la culpa, traicionó a su esposa y se unió a los que no valían nada.

También debe perdonar e intentar hacer las paces con los miembros de su familia. Ella estaba fingiendo, quería compasión sin cambiar su forma de pensar.

Espíritus así en un lugar de angustia solo causan confusión. Es por eso que los rescatistas de Umbral tienen que saber a quién ayudar.

En otra ocasión, vi a un hombre no muy viejo, pero con casi todas las canas. Estaba sucio y con la ropa hecha jirones. Usaba un bastón y arrastraba su pierna izquierda, la cual estaba muy hinchada y llena de heridas.

– ¡Buen día! ¿Cómo está? – pregunté gentilmente.

Se detuvo, se sentó en una roca y me invitó con la cabeza a hacer lo mismo y respondió:

– ¡Buen día! ¡Estoy muy mal! La pierna me duele horriblemente.

Tenía la herida cuando encarnado y ahora, incluso con mi cuerpo muerto, todavía la sufro.

– ¿Por qué la tiene así, tan herida e hinchada? – pregunté

– Porque Dios lo quiere así.

Mientras hablaba, leía sus pensamientos. Lo vi de joven, saludable, mendigando. Fingió estar enfermo, se vendó la pierna para que la gente sintiera pena. A menudo, incluso se cortó la pierna para que sus heridas fueran auténticas. Desencarnó debido a estas heridas que se infectaron. Cuando vio que yo lo estaba observando, dejó de ser cortés.

– ¿Quién eres, jovencita? ¡Alguna tonta que me viene a dar sermones? ¿Diciendo que debo perdonar, pedir perdón? ¡Yo no hago nada de eso! No tengo que pedir perdón.

– ¿Ni siquiera por mendigar mientras fingías estar enfermo?

– ¡Pues bien! La gente me daba limosna porque querían. La pierna es mía y la uso como quiero. Pedía limosna en nombre de Dios. ¿Y dónde está él?

Se levantó y con dificultad caminó y arrastrando su pierna. También me levanté para tratar de hablar con él.

– ¡Vete y no me molestes!

Me escupió. Se fue blasfemando, diciendo que no hiciera nada malo. Pensé que por el momento era inútil tratar de ayudarlo, regresé, dejándolo ir, no sé a dónde. Debo explicar que el escupitajo que me lanzó no me alcanzó. Después de aprender, estudiamos cómo vivir en el Plano Espiritual, los objetos de hermanos con vibraciones inferiores no nos alcanzan.

– Ay... Ay...

Escuché cierto día en una de mis visitas al Umbral. Me detuve para ver de dónde salían los adoloridos quejidos. Lo encontré. Provenían de un lodazal. Acostado en la arcilla, un espíritu gemía tristemente. Lo sujeté de la mano y lo saqué del barro. Vi que era una mujer, estaba desnuda, sucia, olía mal.

– No me mires, estoy desnuda – dijo con dificultad.

Saqué una sábana de mi mochila y la enrollé. Cada vez que íbamos a Umbral, cargamos nuestra mochila en nuestras espaldas. En él, alguna parafernalia que siempre usamos, como sábanas, agua, comida, linternas, cuerdas, etc.

– ¡Estaba limpia! La ensucié toda.

– No hay problema. ¿Quieres agua?

– ¿Limpia? ¡Sí quiero!

Tomé el agua y la vertí sobre su cara y manos, limpiándola un poco, luego le di para que bebiera. Bebió con avidez, luego me entregó la cantimplora e intentó sonreír, pero terminó haciendo una mueca.

– ¡Gracias!

– ¿Por qué estás aquí? ¿No te acuerdas de Dios? ¿De rezar?

– No, señora. No puedo rezar, soy pecadora. Mi lugar está en el barro. Creo que debería volver.

– Espera un poco. Habla conmigo primero.

– ¿No te importa? ¡Soy una pecadora!

– No me importa. ¿Estás con hambre? Come este pan.

Le ofrecí una barra de pan que tomó rápidamente y comenzó a comer. Puse mi mano sobre su espalda y la ayudé, sin darme cuenta, a caminar hacia una roca para poder sentarnos. Mientras que comía, leí sus pensamientos. Cuando terminó de comer, me dio las gracias nuevamente.

– ¿No quieres decirme qué te pasó? – pregunté.

Me miró con tristeza, ahora más renovada, y habló.

– Yo era una adolescente cuando enamoré y me fui a la cama con él. Pero él no quería nada serio conmigo. Se fue, conseguí uno, otro y otro. Mi padre se enteró y me echó de la casa diciendo: "¡Vete, maldita! ¡Vete al barro donde es tu lugar!" Temí su enojo y le pedí: "¡Padre, por el amor de Dios, no me botes!" "No digas el nombre de Dios. No puedes, no deberías, eres demasiado impura." Me prostituí. Mi padre pronto murió de disgusto. Entonces, nunca oré ni pronuncié el nombre de este quien me preguntó.

– ¿Dios?

– Sí, no soy digna y, como dijo mi padre, llegué al barro. Creo que aquí es donde pertenezco.

– ¿No te arrepientes de lo que hiciste?

– ¿Cómo arrepentirse?

– Si tuvieras que regresar, ¿actuarías de manera diferente?

– No lo sé... No lo sé... ¿Qué hice mal? ¿No nace cada uno con su destino marcado?

Estaba siendo sincera, creía que había nacido para ser una prostituta. Lo que no es verdad. Nadie se reencarna para cometer errores. Apiádese.

– Ven conmigo. Aprenderás muchas cosas. Por ejemplo, que Dios es amor, ama a todos sus hijos. Eres su hija. No te avergüences de pronunciar su nombre. Orar te hará bien. No, hermana mía, el barro no es lugar para nadie.

¡Ven conmigo!

– ¿Debería hacerlo? Mi padre se enojará

– No, tu padre no se quejará. Necesitas ayuda.

La llevé a un Puesto de Socorro cercano, la limpié yo misma. Le corté el pelo, las uñas, le di de comer y la dejé durmiendo. Fui a visitarla muchas veces. Era obediente, pero al principio, a pesar de que disfrutaba quedarse en el Puesto, quería volver al barro que, según ella, era su lugar. Fue con dificultad que pronunció el nombre de Dios y aprendió a rezar. Tiene mucho que aprender. Fue con alegría que un día, cuando la visité, la encontré ayudando con la limpieza.

Vemos muchos hechos en el Umbral que nos conmueven, pero la apariencia de un mártir no siempre es real. Liberamos a muchos prisioneros y en lugar de agradecernos nos odian y nos dicen blasfemias.

Cuando vemos esclavos, tenemos el deseo de liberarlos, pero son esclavos por afinidad con sus verdugos. Liberados, muestran la revuelta y quieren que los ayudemos a vengarse. Sabemos que estos, desafortunadamente, son los más necesitados, pero poco podemos hacer. Traer espíritus enojados al rescate es imprudente. La ayuda solo se puede dar a aquellos que desean ser ayudados. Pero, incluso si no podemos ayudarlos, cuando hablamos y damos consejos, sembramos una semilla y quién sabe, esta semilla algún día florecerá como arrepentimiento y la voluntad de cambiar.

El Umbral nos lleva a meditar en la inmensa bondad del Padre que nos dio un lugar temporal para vivir. Aprendí a amar el Umbral y todo lo que contiene, especialmente a mis hermanos.

10.– Trabajando en Equipo

La Casa amaneció de fiesta. Muchas más flores e invitados le dieran un brillo muy especial. Uno de los residentes iba a reencarnarse. ¡Eso mismo! Fausto, un trabajador doméstico activo, iba a usar un cuerpo carnal. Estaba en el patio recibiendo abrazos, incentivos y mejores deseos. Participé en la fiesta, aunque solo lo conocí recientemente.

Es amigable, inteligente y muy sonriente. Estaba satisfecho con la muestra de afecto, aunque a veces una leve preocupación brillaba en sus ojos.

Todo el día estuvo rodeado de amigos, me convertí en parte del círculo, lo escuchamos con gusto.

– Mis futuros padres son afiliados de la Casa. Son propietarios de una pequeña editorial espírita luchan por mantenerla y expandirla. Tendré una hermana y un hermano, ambos hermosos y amigos. ¡Reencarnaré esperanzado!

– ¡Serás un vencedor, amigo! – dijo uno de los compañeros.

– ¡Podrás hacer lo que planeas!

– Me preparé mucho. Tomé cursos, trabajé aprovechando todo mi tiempo. Lamento dejar la casa, me encanta. Pero será por un tiempo determinado. Volveré a ella, si Dios quiere. Confío en la ayuda de tantos amigos.

Sigo afiliado a la Casa. Espero hacer todo lo que planeé y contribuir encarnado a favor de la buena literatura.

António Carlos estaba con nosotros, me alejé con él a unos pasos del grupo, para preguntarle:

– ¿Seguirá afiliado a la Casa?

– Sí.

– Si falla en la carne, ¿qué pasará? Él se preparó para dedicarse a la Literatura Espírita, si las dificultades lo llevan a otras actividades, ¿seguirá afiliado?

– Los niños y adolescentes recibirán nuestra atención como afiliados que son. En la edad adulta, la atención se duplicará. Tendrá apoyo e incentivos para hacer lo que tiene que hacer por elección. Pero tiene su libre albedrío, puede involucrarse en otras actividades y no hacer lo que se propuso. Después de muchos intentos de nuestra parte para llamarlo a la realidad, si él se niega, la Casa retirará su ayuda. Pero siempre será un amigo, por lo que hizo. En cuanto a la afiliación, en su caso, ya que él trabajó mucho para la Casa, será cancelada, pero puede regresar cuando lo desee.

– ¿Ya ocurrió esto? ¿Se ha cancelado alguna afiliación?

– Lamentablemente sí.

– Creo que es porque no todos se están preparando para reencarnar, ¿verdad?

– Sí. Lamentablemente, no sucede con la frecuencia que debería ser. La preparación se lleva a cabo con una pequeña parte. Vemos miles de reencarnaciones cada día y solo se prepara una pequeña fracción.

Te recuerdo que se respeta el libre albedrío. El desencarnado también tiene su voluntad. La reencarnación es una oportunidad para todos. A quien le gusta aprender, lo hace encarnado o desencarnado. Esta preparación incluye estudios, dedicación y no todos están dispuestos a hacer eso. Patricia, incluso los espíritus con un don literario no aceptan la enseñanza de la Casa. Tanto es así que vemos muchos escritores talentosos que escriben tantas barbaridades.

– Ant3nio Carlos, el otro día hablé con un visitante desencarnado que está en otra Colonia estudiando y trabajando. Vino aquí para conocer y registrarse en los cursos de la Casa. Me dijo que cometió muchos errores en el campo literario. Él hizo en la Tierra solo mala siembra, es decir, él plantó muchas cosas malas. La cosecha lo molestó. Pensó: si me dedico a la cosecha, no tendré tiempo para nada más. Pero las enseñanzas que recibió en el Plano Espiritual lo alentaran. No necesariamente tendría que cosechar de la mala siembra, para trabajar en el Bien, él podría limpiar su tierra y plantar buenas semillas. Y evitar la mala cosecha. ¿Qué opinas de esto?

– ¿Qué crees que hacemos tu tía Vera y yo? Debido al trabajo estamos "desnatando" la mala cosecha. Pero, en el trabajo, en verdad es así. Y, sin embargo, nos lastimamos muy a menudo con las espinas. Si hacemos todo el trabajo, evitaremos la mala cosecha. En las partes limpias, ya hemos plantado la buena semilla que germina. La buena planta nace con amor y nos sostendrá en la lucha con su cosecha bendecida.

Patricia, si todos intercambiaran la mala cosecha por el trabajo en el Bien, por la transformación interna para mejorar, la cosecha de dolor y sufrimiento desaparecería de la Tierra.

Dirigimos nuestra atención a Fausto quien recibió amigos el día, todo era una demostración de fraternización y afecto. Por la noche, él partió, iba al Departamento de Reencarnación, en una Colonia de Socorro. Se fue feliz y confiado. Deseé fervientemente que tuviera éxito en sus propósitos.

Durante el tiempo que estuve en la Casa del Escritor vi algunas reencarnaciones. Todas con muchos incentivos y con la esperanza de que cumplan lo que planearon.

El equipo había sido llamado para asistir a la desencarnación de uno de sus afiliados. Fui feliz.

Nuestro amigo a punto de desencarnar estaba enfermo, hospitalizado. Desde hace unos días, un compañero de la Casa lo acompañaba, también estaba allí el compañero desencarnado de muchos años de trabajo. Llegamos al lugar y fuimos saludados por amigos desencarnados. Éramos cinco ahora. Nuestro compañero que estuvo con él durante días nos informó:

– Nuestro amigo empeora. Siente la desencarnación y está tranquilo. En estos días le intuí para poner sus asuntos en orden. Él me atendió, organizó documentos, todo lo que un encarnado tiene que asegurar para hacer la vida más fácil para los miembros de la familia.

– ¿Tiene dolor? – pregunté.

– Sí lo tiene. Pero no se queja.

– ¿No podría quedarse más tiempo? – pregunté de nuevo –. Hace un trabajo tan hermoso y no es viejo.

– Él, antes de reencarnarse, marcó el momento de su desencarnación. Está en la fecha correcta. De hecho, hizo un trabajo hermoso, esto justifica nuestra presencia a su lado.

No pasó mucho tiempo antes de que tuviera otra crisis. Familiares encarnados y el doctor lo atendieran solícitos. Nuestro trabajo de desligamiento comenzó tan pronto como su corazón se detuvo. Se durmió, no sintió ni vio nada. Horas después, lo llevamos a una Colonia de Socorro y lo dejamos bien instalado en una habitación. Allí, el equipo de la Colonia, del hospital, se encargaría de él. Su compañero se quedaría con él y lo acompañaría en los primeros pasos como una persona desencarnada.

– Cuando esté bien, ¿irá a la Casa del Escritor? – pregunté.

– Dependerá de su voluntad, pero este amigo es un amante de la Literatura, creo que seguirá trabajando con ella.

– ¡Qué bella la desencarnación de las personas victoriosas en sus tareas! ¡De personas buenas! – Exclamé.

Pero tuvimos una desencarnación de un afiliado que no quería la desencarnación. Estaba disgustado con los miembros de la familia y con asuntos financieros. Cumplió a la mitad lo que se propuso hacer. Su desencarnación fue más dolorosa, porque trató de no desligarse. Pero el cuerpo muere, el espíritu tiene que abandonarlo.

Lo adormecimos con pases, lo desligamos y lo llevamos a un Puesto de Socorro. Depende de él si acepta o no la ayuda ofrecida.

– ¿Y si él no acepta? – Le pregunté a uno de mis compañeros de equipo.

– Podrá volver al lado de la familia o vagar. Pero como hizo muchos amigos, tanto encarnados como desencarnados, no quedará desprotegido. Los amigos encarnados preguntarán por él y los desencarnados acudirán a él para ofrecerle ayuda. Es una buena persona, inteligente, sabrá cómo definir lo que es bueno para él.

Curiosa, pregunté a mi compañero.

– Flávio, muchos de los afiliados también están activos en otras áreas. Muchos, además de dedicarse amorosamente al libro espírita son trabajadores mediúmnicos en los centros espíritas (Guía, protector, el desencarnado que trabajó con él en el trabajo del bien). Otros trabajan en áreas sociales. Cuando se desencarnen, ¿quién vendrá a ayudarlos?

– Qué bueno es hacer y tener amigos; es decir, tener a alguien que nos ayude en este momento importante, que es la desencarnación. Esto realmente ocurre. Hay afiliados que trabajan activamente en otras áreas. Bueno, quién te ayude en la desencarnación dependerá de él y de la pareja desencarnada. Lo importante es tener buenos amigos cerca en el momento del desligamiento. Luego elegirá la actividad que cultivará.

Fuimos llamados a ayudar en la desencarnación de una afiliada diferente. No era espírita. Durante muchos años se dedicó a la buena Literatura y a los niños con gran afecto. Siempre se esforzó por transmitir buena moral en sus libros. Como seguía una religión que no explica qué es la muerte del cuerpo, temía la desencarnación y esto hizo que nuestro trabajo fuera más difícil. Durante días la calmamos con pases.

Ella desencarnó con calma y fue llevada a una Colonia. Ciertamente sería extraño, pero como era inteligente y buena, creíamos que pronto estaría bien. En cuanto a su viaje a la Casa del Escritor, si quería ir, le tomaría tiempo, porque necesitaría aprender mucho y adaptarse a la nueva situación.

El personal de la Casa siempre estuvo atento a las solicitudes de ayuda de aquellos que tratan con libros espíritas. Con especial cariño ayudan a Ferias, Eventos y a las Editoriales.

Iba a ocurrir una importante Feria del Libro Espírita. Fue el primero que realizó el grupo. Nos invitaron a participar para alentarlos y protegerlos, porque el equipo del Umbral en la región estaba furioso con el evento y prometió irrumpir en el lugar. Pero todo salió bien. Durante la feria, un equipo de la Casa permaneció en las carpas todo el tiempo y fue un éxito. Los hermanos del Umbral que observaban desde la distancia fueran invitados a acercarse para ver mejor. Algunos vinieron, la mayoría se fueron o miraron desde muy lejos Los que vinieran, miraran los libros y conversaran, muchos pidieran ayuda. Al final, los organizadores de la feria estuvieron felices y nosotros también. La Feria del Libro Espírita es siempre una distribución de bienes, ayuda e instrucciones, lo que lleva a muchos a tratar de avanzar hacia el progreso.

También asistí muchas veces al Centro Espírita al que asiste mi familia. Qué gran aprendizaje es para el desencarnado trabajar en un Centro Espírita. Con los problemas diarios que han surgido, la ayuda es constante para los necesitados encarnados y desencarnados.

Artur, el compañero de trabajo desencarnado de mi padre, es mi gran amigo. Él siempre está sonriendo, es muy instruido e inteligente. Me gusta verle en actividades en el Centro. Es un ejemplo a seguir para mí. Es del agrado de todos. Lo observé por un tiempo y pensé: "¿Artur tendrá alguna historia interesante? ¿Qué eventos lo habrían llevado a ser tan dedicado?"

En una tarde cuando el Centro tenía poco trabajo, y esto sucede raramente, los trabajadores conversaban en el patio. Entré en la sala donde se realizaban las reuniones entre encarnados y desencarnados. Entré lentamente y vi a Artur frente a una pintura que representa al Maestro Jesús.

Estaba distraído, encantado, su rostro sereno irradiaba armonía y amor.

– Hola, Artur, ¿te molesto?

– No, Patricia. ¿Necesitas algo? – Él respondió sonriendo y mirándome.

– ¡Hermoso cuadro! Amas mucho a Jesús, ¿no?

– Sí.

– ¿Te habría pasado un hecho especial por llamarle así?

– Solo por dejarnos estas maravillosas enseñanzas sería suficiente para que todos nosotros lo amemos. Pero tienes razón, hay algo particular entre Jesús y yo.

– ¿Puedo saber qué es esto? – le dije.

Me senté en una silla invitándolo con su mano a sentarse a mi lado. Él lo hizo.

– Ahora te estás convirtiendo en una cazadora de historias... - Nos reímos.

– Hace mucho tiempo, Patricia, yo era un espíritu rebelde, burlándome de todo y de todos, solo pensaba en los placeres y en mí de la manera más egoísta posible. Fui terrible, encarnado y horrible, cuando desencarnado. Fue así que, una vez que me uní a un grupo de amigos con ideas afines, formamos una legión para obsesar a una persona.

Para nosotros todo estaba bien, juzgábamos a un pobre encarnado que solía andar de juerga. Debo decir que, para ser obsesado, el encarnado tenía que vibrar igual y todo lo que sufrió tuvo como consecuencia una mala cosecha. Todo nos iba bien hasta que nos encontramos en problemas.

Me sentí atrapado, incapaz de moverme, al igual que todos mis demás compañeros. Solo escuchamos y vimos lo que sucedió. Una fuerza mayor, muy grande, nos había arrestado. Nos encontramos rodeados de varias personas, algunas encarnadas y otras desencarnadas. Pero esta fuerza que nos detuvo y nos hacía temblar, y al mismo tiempo nos maravillaba, venía de un encarnado. Este hombre fenomenal puso su mano sobre la persona a la que estábamos obsesando y dijo: "¡Tu fe te ha salvado!" Miré a esa persona encarnada, entonces vi una imagen humana de rara belleza y tranquilidad. Nunca había visto a una persona así. "¡Es Jesús!" – dijo uno de los encarnados que lo acompañaban. "¡Es Él, Jesús Nazareno, quien sanó a este hombre!" Jesús me miró con profundo amor, no me condenó, me amaba. Su mirada gentil y amable hacia mí es un hecho inolvidable. Fuimos alejados de ese obsesado por un equipo desencarnado y después fuimos llevados a un Puesto de Socorro. Allí fuimos orientados hacia el Bien. Pero éramos libres de quedarnos o no.

Si volvíamos, teníamos prohibido acercarnos a los antiguos obsesados. La mayoría se quedó, yo me quedé y juré cambiar.

Nunca olvidé que por un momento vi a Jesús. Ese encuentro fue fuerte en mí. Después de una preparación, reencarné. Mi lucha no fue fácil. Tenía muchos vicios y malos hábitos como una cosecha muy amarga. Encarné muchas, muchas veces en estos casi dos mil años.

Siempre buscando mejorar. La imagen de mi encuentro con Jesús vino de una manera vaga, cuando estaba encarnado. Siempre, en persona, me gustaba mirar imágenes. pinturas del Maestro Nazareno, siempre lo extrañé sin entender por qué. Cuando me desencarné, recordé lo que sucedió, este hecho siempre me dio fuerzas para mejorar y progresar. Nuestra reunión me marcó mucho, tanto que lo mentalizo y me viene a la mente aquella escena con todos los detalles. Todavía puedo sentir su mirada de amor. En mis viajes alrededor de la Tierra, fui un sacerdote católico, un pastor protestante, siempre tratando de seguir a Jesús. Muchas veces me equivoqué. Pero, en las últimas encarnaciones, realmente mejoré y fue en la última que encontré la Doctrina Espírita y entendí mejor las enseñanzas del Maestro Jesús. Solo intento, Patricia, seguir su ejemplo. Amo mi trabajo al igual que nuestros hermanos que están en la oscuridad de la ignorancia, que están temporalmente entrelazados por error, los amo con el mismo Amor con el que Jesús me miró por segundos.

Lo abracé. No pudimos decir nada más. Entendí.

Todos tenemos nuestra historia y, quién sabe, un hecho particular que nos lleva al Amor.

11.– Excursiones

Hicimos muchas excursiones a muchas Colonias y una que me encantó de una manera especial, porque se parece a la Casa del Escritor, fue la Colonia que se dedica a la música y la pintura. Es lindísima, móvil, también tiene muchos afiliados en todo el Brasil. Su trabajo es similar al nuestro. Siempre intentan ayudar a quienes se dedican al arte musical y la pintura. Está rodeado de hermosos árboles y flores. En toda la Colonia vemos cuadros famosos, copias u originales. Hay muchas salas dedicadas a la música. Su biblioteca y salas de video son sobre los temas que trabajan en esa Colonia. Nos recibieran con música hermosa en uno de sus salones y fue emocionante ver cuadros hermosos.

El esperanto se habla ampliamente en todas estas Colonias, así como en las de estudio. Es muy agradable, el sonido de las palabras es suave y armonioso. Aquí, el aprendizaje de este fabuloso idioma es altamente recomendable.

Salimos a ver en la Tierra el trabajo de los encarnados con la Literatura. Es decir, todo lo que se escribe. Estábamos sorprendidos por la cantidad de revistas de chismes y eróticas, con su cantidad y altos precios. Fuimos a visitar a sus editores. Son lugares de trabajo como cualquier otro. Siempre son visitados por un equipo de la Casa del Escritor, como el nuestro, éramos ocho estudiantes y María Adélia.

Después de ver todo, fuimos a observar a las personas que trabajan allí.

Eran personas normales, inteligentes, que permanecen allí por el salario Algunos estaban siendo influenciados por espíritus buenos o malos. Muchos buenos espíritus trabajan allí, como nuestro socio José Luiz quien intentaba instruir a las personas a escribir buenos artículos. Otros espíritus malignos también estaban allí para proteger el territorio, que en realidad era más de ellos que el nuestro. Por lo general, les indican que escriban más chismes y calumnias. Ninguno de ellos se obsesa por esta razón, solo intentan instruirlos. Todo estaba en calma. En estas revistas que se centran en asuntos triviales, nuestro trabajo es difícil, a veces imposible. Tanto es así que la mayoría de las visitas son solo para reconocimiento, para aprender. Para que pudiéramos observar más, María Adélia se hizo visible para el equipo de espíritus oscuros que estaban allí. Eran espíritus malignos, pero instruidos. Pronto uno de ellos vino a hablar con ella.

– ¡Hola muñeca! ¿Qué quieres? ¿Quieres quedarte con nosotros? ¡Eres una belleza! Tres más la rodearon, todos comenzaron a examinarla, riendo.

– Solo estoy observando el lugar – respondió nuestra instructora.

– ¿Qué hacen aquí?

– Podemos decir que trabajamos aquí. ¿Ves este artículo? Fue inspirado por mí – dijo uno de ellos con orgullo, mostrando una historia. Fue una historia muy erótica. María Adélia echó un vistazo.

– Pero solo está el nombre del encarnado en la historia – dijo.

– ¡Eso me molesta! Pero no importa. El placer es igual.

– ¿Tienen un jefe? ¿Obedecen a alguien? – preguntó María Adélia.

– ¡Eres curiosa! Haces demasiadas preguntas. Tenemos una organización. Si quieres formar parte, podemos ayudarte. ¿Puedes escribir? Quiero decir, ¿hacer reportajes? Te ves inteligente. Solo que estás muy mal vestida. Pareces beata.

– Sí, sé escribir. El trabajo es duro.

– Es muy fácil aquí. La parte difícil es cuando nos envían a obstaculizar a las personas que escriben otros tipos de contenidos como; por ejemplo, Literatura espírita.

– Veo muy poco. Son cosas que se dicen que son buenas en el mercado, ¿por qué te importa esto?

Quien respondía era uno de ellos, el más orgulloso y arrogante.

– Veo que la niña entiende esto. Es cierto, pero hay tercos que escriben tratando de enseñar buenas costumbres.

– Ven, dame un abrazo – dijo otro tratando de agarrar a María Adélia.

Mi instructora se hizo invisible para ellos.

– ¡La niña se fue! ¡Qué pena! – dijo el que la iba a abrazar.

– O es que no le gustaste, o debe ser una abeja del Cordero. No sé qué vino a hacer aquí —murmuró otro. Entonces, de manera similar, fuimos a muchas editoriales, siempre encontramos un buen espíritu que trabaja allí. Si ellos piensan que es difícil que cambien para bien, nos resulta difícil ayudar a estos encarnados.

Algunos incluso quieren cambiar, pero los objetivos de estos escritos son diferentes, desafortunadamente es lo que vende. Y viven del comercio.

– ¿Estas personas se están comprometiendo con este trabajo? – Osvaldo le preguntó a María Adélia.

– Todo lo que hacemos para destruir, necesitará una reconstrucción.

Pero depende de cada caso. Algunas personas aquí tienen un salario, a otros les gusta lo que hacen. Quien manifiesta sus pensamientos con malos escritos que dañarán a otros es responsable de ellos. Pero la mayoría solo son escritos de mal gusto, no hacen mal ni bien. Les recuerdo que esta literatura existe porque hay quienes la consumen. Entonces, esta se hace y se vende.

Vimos a una persona, un escritor, escribiendo hechos negativos. Estaba siendo obsesado por una entidad horrible. Vimos que esta entidad lo influyó mucho, haciéndole escribir tonterías, más bien, de forma ruin. Otra vez María Adélia se hizo visible para hablar con el obsesor, para que pudiéramos entender algunos hechos.

– Hola – dijo María Adélia.

– Hola.

– ¿Estás trabajando con él?

– Sí, ¿qué tienes con eso?

– Nada. ¡Solo creo que él escribe tan mal!

Ante esta observación, sonrió con satisfacción. Se volvió más amable.

– ¿Eso crees? ¡Qué bien!

– Pensé que iba a estar enojado, los veo trabajando juntos.

– Para eso estoy aquí. Para hacer que trabaje mal y escriba tonterías que nadie editará.

– ¿Te estás vengando, por casualidad?

– Sí. ¿Quién eres? Haces demasiadas preguntas.

– Solo soy una persona a la que le gusta leer. Estaba pasando y leí las tonterías que escribió. Solo eso. Amo las historias. Tenía curiosidad ¿Cómo puedes ser un tipo tan inteligente? Se puede ver de inmediato que eres un intelectual, pero que se mantiene cerca de este tonto.

Él se rio alegremente y respondió.

– Usted tiene razón. Soy inteligente e instruido. Yo escribo muy bien. Quiero que él se hunda. ¡Se lo merece!

– ¿No quieres decirme qué pasó? ¡Hablas tan bien!

María Adélia, al leer sus pensamientos, vio que era vanidoso, lo animó a hablar, para que pudiéramos escucharlo y tratar de ayudarlo.

– Está bien. Solo hablaré porque supiste reconocer que soy inteligente. Fui hijo único, mi madre viuda trabajó durísimo para que yo pudiese estudiar. Mi sueño era ser periodista o un famoso escritor. Tenía un amigo con los mismos deseos. Un día, apareció una oportunidad, un periódico organizó un concurso y el ganador tendría un trabajo como periodista. Entusiasta, hice un artículo brillante. Este chico también. El día de la presentación, mi madre se enfermó y le pedí que contara mi historia. Yo confié en él.

Mamá mejoró y estábamos ansiosos por el resultado. Él ganó. Me alegré por él, pero cuando vi el artículo que presentó, me estremecí. Era el que yo había escrito. Solo con algunos cambios menores. Fui al periódico y descubrí que mi historia, la de mi nombre no había sido entregada. Él me engaño. Tomó mi historia y la entregó como si fuera suya. Lo odié. Fui tras él para buscar explicaciones, pero me encontré con ironías. Me dijo que fueron sus cambios los que le ganaron el concurso. Se rio de mí por confiar en él. No había forma de probar su culpa. Loco de ira, avancé hacia él y luchamos con golpes y golpes. Nos separamos, se fue riendo. Entré a un bar y bebí. No estaba acostumbrado a beber y me emborrachaba fácilmente, salí a la calle, me atropellaran y desencarné. Mi madre sufrió mucho y vagué sin rumbo durante años, lo culpé por todo el sufrimiento.

Mi madre falleció, pero los buenos se la llevaron, ni siquiera pude hablar con ella. Un día me enteré que en el Umbral había una escuela para aprender cómo vengarse. Fui allí, conté mi historia y fui aceptado. Aprendí fácilmente. Ahora me vengo de este bastardo. Ya no tendrá gloria, le hago escribir solo basura.

Me siento satisfecho con su desesperación al ver su trabajo rechazado. Entonces, jovencita, ¿ves cómo tengo razones?

– ¿No sufres aquí? No gustas de él, pero estás cerca de él día y noche. ¿No es mejor ir a algún lado, tal vez con tu mamá? – dijo María Adélia, sonriente y amable.

– ¿Qué es eso? Claro que no me gusta, estoy aquí para vengarme. En cuanto a mi madre, que ella venga hacia mí.

– ¿Por qué no analizas los eventos de manera diferente? Debido a la ley de las reencarnaciones, tenías que desencarnar joven. Por tu mala cosecha, tuviste que sufrir una traición.

– Empiezas a enfurecerme. Sé bien que ya he vivido otras existencias, mis errores pasados me importan poco y creo que nada tiene que ver con lo que hago. Lo que me importa es lo que hago en este momento. Me vengo de él porque se lo merece. ¿Crees que es bueno? No hace nada bueno y solo piensa en él. ¿Por qué me dices esto? ¿Viniste aquí para defenderlo? Será mejor que salgas de aquí. ¡Fuera! ¡Vete, rápido!

Gritó, amenazándola con su mano. María Adélia se fue, nos fuimos. Nuestra instructora explicó.

– Como pueden ver, nos hacemos daño a nosotros mismos cuando dañamos a alguien. Este obsesor fue al Umbral, en lugares llamados escuelas, a aprender a vampirizar y obsesar. Hay muchos núcleos de odio.

– ¿No lo cuida su madre? – preguntó Carlos Alberto.

– Creo que sí. Pero mientras él sea tan duro, ella no puede ayudarlo. No vinimos aquí para ayudarle.

Llegamos a ver cómo se procesa una obsesión con un literato. Este hecho que vimos es una minoría y también un evento de venganza en particular. Muchas obsesiones en este campo son para escribir ensalzando los errores. Nadie pidió ayuda aquí, no nos corresponde entrometernos. El encarnado es frío, calculador y egoísta.

– Nos hace creer que esta obsesión no es del todo mala para él – dijo Adelaide.

– La obsesión no es buena para nadie. El obsesor pierde tiempo y el mal que se hace a sí mismo se invierte. Los obsesados pueden odiar más y más. El encarnado con estos defectos vibra igual que el desencarnado, por lo que se convierte en un blanco más fácil para la obsesión. Él, al no lograr escribir algo bueno en el sentido literario, tendrá un castigo por su orgullo. Esperemos que aprenda su lección.

– Si fuera una persona religiosa, que reza y es buena, ¿podría el desencarnado obsesarlo? – preguntó Carlos Alberto.

– Él cometió un error con el desencarnado. Traicionó a su amigo robando su material. Pero para todos los errores hay perdón, cuando el que hizo mal pide de manera sincera tiene que sentir que, si el tiempo regresara, no volvería a hacer lo que hizo. Pedir perdón es muy fácil. Todavía hay una necesidad de reparar el error. En este caso, él, el encarnado, arrepentido, le pediría perdón a su ex amigo. Pero, respondiendo a tu pregunta. Si se hubiera vuelto bueno, y hubiese rezado con fe y sinceridad, habría dificultado esta persecución. Si hubiese rezado con fe y sinceridad, oraciones sinceras, sería muy difícil obsesarlo. En este caso, ya habría sido rescatado por algún equipo de rescate.

Fuimos a ver a algunas personas que escriben inspiradas por espíritus oscuros. El imprudente encarnado casi siempre busca la gloria y la fama, y estos desencarnados quieren propagar sus objetivos que son llevar a la Tierra aun más al caos, y más personas a la perdición. Pero quiero dejar en claro que la culpa es de ambos. Todos tenemos nuestro libre albedrío que se respeta. Estos desencarnados casi siempre cuidan al encarnado, les hacen favores y disfrutan juntos de los placeres. Digo placeres, porque son dolores que el desencarnado ni siquiera quiere saber, pero que el encarnado que se las proporciona.

No hay un núcleo en el Umbral que tenga especial cuidado con la Literatura, en todas las ciudades Umbralinas hay bibliotecas, algunas bien organizadas. Los libros y revistas obscenos son solicitados allá.

Fuimos a una ciudad del Umbral, a una fiesta, organizada para honrar a un escritor encarnado. Nos disfrazamos y allí estábamos nosotros diez, los ocho estudiantes y los dos instructores. El salón de fiestas estaba adornado con banderas y cuadros obscenos colgados en la pared. Todo era muy colorido. El encarnado homenajeado, que había sido desligado mientras su cuerpo dormía, ahora parecía algo extraño, ahora más consciente.

– Estos libros que vemos aquí son copias de sus libros y artículos que se editan en la materia. Son copias plasmadas – explicó Aureliano.

Se escuchó una música fuerte, canciones casi todas eróticas, algunos conocidos por los encarnados, otros no. No nos notaron en la multitud, así que pudimos observar todo. Muchos encarnados estuvieron presentes como invitados. Conversaban y se reían mucho. Después de caminar por allí y ver todo lo que deseábamos para nuestro conocimiento, nos fuimos.

– ¿Este muchacho encarnado sabe que lo están usando? Preguntó Henry.

– Creo que no, es muy orgulloso y vanidoso para desconfiar. Dejo en claro que no todos los escritores escriben inspirados, ya sean obras buenas o malas. Muchos son talentosos y lo hacen ellos mismos. Aquellos que están inspirados también deben tener un don para escribir, de lo contrario, el desencarnado no podría hacer el trabajo solo.

– En cuanto a este escritor que vimos en el Umbral, ¿qué le sucederá cuando se desencarne? – preguntó Maria da Peña.

(El desencarnado que ayudó a escribir a este orgulloso escritor estaba cerca de él y también firmaba autógrafos).

– Eso dependerá de cómo esté su vibración en ese momento.

Si se desencarnaba ahora, iría al Umbral, porque está vibrando con él. Pero siempre estamos cambiando y esperamos que cambie para mejor. Es una persona talentosa. Ya estuvimos animándolo a escribir buenas obras. Por el momento, prefiere continuar escribiendo lo que vimos.

Aureliano hizo una pausa y agregó emocionalmente:

– Vigile y ore, Jesús sabiamente nos dijo, prudentes son los que así proceden.

12.– Hechos Interesantes

Aprendí mucho participando en conversaciones en los patios.

Eran conversaciones saludables y llenas de conocimiento. Grupos afines, estudiosos y amantes de la buena Literatura. Casi todos estaban enamorados de los libros, pero hubo algunas excepciones. No es que estas excepciones no amen la literatura, pero estaban allí con otra finalidad o por razones diferentes a la mayoría.

– Patricia – dijo Marcelo – Soy una de esas excepciones.

Me gustó y me encanta leer. Traté de aprender a escribir, pero no funcionó, me estoy rindiendo.

– ¿Por qué? – pregunté.

– Quería aprender por amor. No por amor a la Literatura, sino hacia una persona. Amo mucho a una mujer. Hemos estado juntos durante muchas encarnaciones. Han pasado cinco años desde que salí y ella todavía está encarnada, estuvimos casados por treinta y dos años. Vivimos felices y unidos. La extraño aquí y ella me extraña. Cuando ella desencarne estaremos juntos, pasarán unos años más, mientras la espero, intento estudiar y ser útil. Vine aquí para estudiar porque a ella le gusta mucho la poesía y se quejaba de que yo no podía escribirle nada.

Pensando en complacerla, quería venir y aprender aquí para que cuando estuviera con ella pudiera recitar bellas poesías. Pero vi de inmediato que este estudio no es para banalidades románticas. No debo ocupar el lugar de otro y ni tampoco mi tiempo.

– Marcelo, ¿cómo sabes que tú y ella estarán juntos en la próxima encarnación?

– No tenemos motivos para separarnos. No cometimos errores, no tenemos karma negativo que pagar. Nos amamos sinceramente, somos compañeros para trascender. Es decir, somos realmente almas gemelas.

Hablamos un poco más y él se despidió.

– ¡Hasta pronto, amigo! Te deseo éxito en tus planes. Debo irme pronto.

Marcelo se fue, estaba pensando en lo que dijo y quise conocer más detalles. Fue un placer conocer al director y, después de los saludos, quise hacer algunas preguntas.

– Patricia, pregunta lo que quieras, te responderé como pueda – dijo riendo.

– Estaba hablando con Marcelo, quien se despidió. ¿Abandona el curso? – pregunté sonriendo y contenta de encontrar a alguien que me ilumine.

– Abandonar no es el término correcto. No lo concluirá porque no tiene vocación, un don para escribir o incluso un sincero interés.

– ¿No conocía la Casa del Escritor este detalle al registrarlo?

– Sí, lo sabíamos. Tanto es así que lo pusimos como un alumno extra en su curso. Lo aceptamos porque estaba emocionado diciendo que realmente quería hacerlo. Por lo general, aceptamos casos como este, como este de Marcelo.

Algunos, cuando nos buscan, dicen que quieren completarlo y que están haciendo realidad sus sueños. Existiendo la posibilidad de que no completen el curso, los colocamos como candidatos adicionales en la clase, para no tomar el lugar de otro. Pero a lo largo del curso, algunos pueden completar con éxito y otros, tan pronto como comience el curso, ver por sí mismos que están fuera de lugar, que no pueden tomarlo y piden para salir. Patricia, si no aceptáramos sus solicitudes de ingreso, podríamos estar rechazando en una de esas a alguien que podría completarlo e incluso que puede llegar a ser un gran escritor y trabajador de la casa. Entonces, ¿cómo podríamos evitar que alguien estudie y sea útil en este campo? Marcelo quería aprender con fines personales, cómo complacer al espíritu que ama. Este estudio nuestro, el cual involucra el trabajo de muchos, solo puede funcionar con fines útiles para muchas personas.

– Me dijo que en la próxima encarnación encontrará y se quedará con su amada. ¿Es esto posible?

– Sí, los dos están unidos y avanzando hacia el progreso. Son dos espíritus desinteresados que se preocuparon con amor por muchos años de un hogar de ancianos, con mucha honestidad, caridad y paciencia. No habría razón para separarlos, a menos que sea su voluntad.

Ciertamente, cuando van a reencarnar, aceptarán reunirse y estarán juntos.

– ¿Hay muchos casos como el suyo? ¿Gente que acepta estar juntos?

– Sí, hay, pero no la mayoría. No todas las personas están juntas por sentimientos sinceros. He visto muchas parejas encarnadas que son ejemplos de afecto y ayuda mutua. Son parejas como Marcelo y su amada, pero no necesita ser exactamente tan amables como fueron. Si no es porque tuvieron que ser separados para aprender, permanecen juntos como es su voluntad.

– Me dijo que son almas gemelas.

– Patricia, las almas gemelas es una expresión, una forma romántica de designar personas con ideas afines. Incluso hermanos gemelos encarnados pueden ser muy diferentes, solíamos decir que los espíritus afines son aquellos que coinciden, tienen los mismos gustos e ideales y que a veces están juntos por muchas encarnaciones. Pueden ser buenos o malos. Debemos amar a todos más y más, tratar de educarnos moralmente, progresar y ayudar al mayor número de personas a progresar para bien también. Amar a todos como hermanos es evolucionar. Y uno no debería sentir este amor por un número limitado de personas.

– ¿Qué me dices acerca de lo que dicen algunas personas casadas que se están separando, diciendo que han encontrado su mejor mitad y quieren estar juntos?

– Encarnados, deberían tomar más en serio la institución del matrimonio, no casarse sin pensar o separarse sin pensarlo dos veces. Especialmente si se tiene hijos. Las parejas deben conocerse mejor, casarse conscientes de lo que es vivir juntos. Una vez casados, se debe hacer todo para que la unión dure. La excusa dada por haber encontrado a su otra mitad no es válida. Incluso si este hecho sucediera, no deberíamos construir nuestra felicidad en la infelicidad de otras personas, especialmente si hay niños, que siempre son los que más sufren los errores de sus padres.

Le agradecí a este amable amigo mío, el director de la Casa, a quien siempre estaba preguntando y siempre fue gentil conmigo.

Una tarde estaba estudiando en el patio bajo un árbol frondoso, lleno de flores fragantes y blancas.

– ¡Buen día! – Me saludó un hombre en esperanto.

– ¿Puedo sentarme aquí?

– ¡Buen día! Siéntese como en casa.

– Tengo que leer este libro y resumirlo.

Le sonreí a mi compañero y le di la bienvenida, también respondí en esperanto, nos gusta hablar en este idioma.

El libro que llevaba era *Renuncia* de Emmanuel, psicografiado por Francisco Cândido Xavier. Leí algunas páginas en silencio, luego volvió a hablarme.

– Me llamo Norberto. ¿Y tú?

– Patricia

Hablamos de cursos, le dije lo que estaba haciendo y por qué.

– Yo – dijo – me preparo para escribir a los encarnados.

Tan pronto como termine el curso y comience otro, lo tomaré. Por ahora, estoy leyendo Literatura Brasileña, principalmente espírita y estoy aprendiendo portugués. Vengo de un país de Europa. Viví allí en mi última encarnación, donde yo era escritor. Escribí bajo la orientación de un espíritu muy querido. Este desencarnado, me intuía a escribir. Ahora yo estoy desencarnado y él está encarnado en Brasil, por eso vine a estudiar aquí.

– ¿Te gusta estar aquí? – pregunté.

– Sí mucho. El Brasil es muy hermoso. Pero más encantadora es la Literatura Espírita, es abundante y rica. No solo quiero intuir a mi amigo, sino que también quiero trabajar en mi país de origen, motivándolos a traducir obras espíritas para instruir a mi gente.

– Dijiste mi país, mi gente. Aun no te separas. ¿No sientes la Tierra por la vivienda?

– Estoy llegando allí – se rio –. Era una forma de decir. Me corrijo a mí mismo:

Quiero llevar la Literatura Espírita a todos los demás países de la Tierra. Como este libro que estoy leyendo. Para aprender mejor el idioma portugués, estoy haciendo trabajos como este, leo libros y resúmenes en portugués.

Aprendo dos veces, porque las lecciones que nos dan estos libros son encantadoras.

– ¿Qué tal si hablamos en portugués? – le dije –. Lee y te corregiré.

Así lo hicimos, él leía y yo le estaba enseñaba cómo pronunciarlo. El idioma portugués es realmente muy difícil. Pero nuestro amigo tenía ganas de hacerlo y lo aprendió.

Una vez que salí del teatro me encontré con Laura, ya la conocía, pero era la primera vez que intercambiamos confidencias.

– Sabes, Patricia, me inscribí en el curso que te está preparando para dictar a los encarnados. Mientras espero, estoy tomando clases de portugués y Literatura. Realmente me gusta esta Colonia, la adoro. Pero encuentro dificultades, no me gusta leer ni escribir.

– ¿Por qué quieres tomar este curso, entonces? – pregunté con curiosidad.

Laura es una jovencita, falleció a los veinticinco años, es muy hermosa. Ella es de color marrón claro, con largo cabello negro, ojos azules sombreados por largas pestañas.

– Cuando estaba encarnada enamoraba a un escritor, vivimos juntos algunos años. Yo fui su musa inspiradora. Ahora él continúa escribiendo, pero escribe tonterías. Quiero aprender a tratar de intuirlo.

– Laura, es mejor hacer lo que uno desea. Solo cuando amamos lo que hacemos, lo hacemos bien.

Nos despedimos Dos meses después, vino a verme para despedirse.

— Me voy, Patricia. No puedo rendir en mis estudios. Realmente me gusta trabajar con niños. Estoy muy feliz de volver a mi tarea de cuidar a los bebés en el Centro Educativo de la Colonia Amor Divino, que es de dónde vengo.

— ¿Dejarás a tu escritor?

— Bueno, el personal de la Casa lo visitará y le ofrecerá ayuda, si él acepta, un espíritu competente y talentoso hará lo que yo quería hacer. Si no quiere, al menos hice el intento, porque no creo que pueda ayudarlo.

— ¡Buena suerte, Laura!

— ¡Gracias!

Una tarde estaba en el patio delantero y vi al director hablando con un hombre. Mi amigo me llamó y me presentó.

— Este es José y estuvo con nosotros durante unos meses, ahora regresa a su Colonia original. Después de los saludos, el director invitó a José a hablar sobre su problema.

— Morí en un accidente. Yo tenía algún conocimiento espírita, pero no lo suficiente como para liberarme de la fascinación material. Pero, bueno, no me puedo quejar, ahora me estoy sintiendo bien.

Fui a estudiar y trabajar, deseando dictar a los encarnados, vine a tratar de tomar el curso, pero me estoy dando por vencido.

– ¿Por qué? – pregunté

– No me gusta leer ni escribir. Me rindo porque encuentro todo muy difícil.

– ¿Por qué quieres hacerlo? – Pregunté de nuevo.

– Mi esposa es una médium psicógrafa, aunque no le interesa trabajar con su don. Quería estudiar para intentar que ella trabaje con su mediumnidad y ser útil. Me pregunto qué será de ella cuando muera y venga con su talento enterrado. No produjo, no se multiplicó. Pero, como me dijo el director, todos tenemos libre albedrío.

– ¿Pero ella no tiene un asesor desencarnado? – pregunté con curiosidad.

– Ya lo tuvo. Un espíritu amable e instruido a menudo ha tratado de ayudarla en su trabajo, pero ella siempre inventa excusas. Como este espíritu es trabajador, se marchó y se fue a trabajar con alguien más. Pero en caso ella quiera volver a intentarlo, puede atraer otro espíritu capaz e instruido para ayudarla. Esto también dependerá de su intención, porque ella no quiere ni estudiar ni leer.

José se despidió y se alejó. El director también me dijo:

– Ninguno de los dos tiene una voluntad fuerte. Tanto así que, si él quisiera y se esforzara, podría estudiar. La lectura es un hábito adquirido. Si él aprendiese a escribir lo suficiente, si él quisiera, podría entrenarla. En cuanto a su esposa, es una pena que ella no quiera hacerlo.

Otra que conocí cuando se despedía fue Florinda. Es joven aun. Esta chica o mujer mayor a la que me refiero cuyo aspecto, casi siempre, es como desencarnó. Ella es bella y sencilla. Después de las presentaciones, dijo:

– No quiero escribir, no tengo ese don, no lo sé. Tampoco me gusta estudiar. Solo quería ser parte del equipo de la Casa.

– ¿Por qué quieres trabajar en el equipo? – pregunté.

– Encuentro hermosos los libros, admiro a los que les gusta leer. Quería alentar a las personas a leer buenos libros. Solo entonces podría salvar mucha gente a través de la buena lectura. Pero no funcionó. Los profesores son amables, pero no estoy interesada. Creo que voy a ir a estudiar en la Colonia de Socorro y trabajar con los equipos de rescate.

Nos despedimos de manera afectuosa, deseándonos tener éxito.

No obstante, le pregunté al profesor Aureliano que estaba al tanto de sus problemas.

– ¿Por qué, Aureliano, Florinda no podía quedarse con nosotros?

– Para ser parte del equipo de la Casa del Escritor, debes tener preparación y conocimiento. Lamentablemente nuestro trabajo es con intelectuales. ¿Cómo ayudar sin serlo? ¿Cómo fomentar una buena lectura si no lo haces?

Pensé mucho en este hecho. Solo damos lo que tenemos, solo enseñamos lo que sabemos, solo podemos alentar a otros a hacer, si lo hacemos.

Pero, en un momento, Florinda tiene razón, una buena lectura ayuda a muchos, ¡ay, de verdad, cómo ayuda!

Al final de una conferencia, Ana declamó una hermosa poesía de su autoría, la cual encantó a todos. Cuando terminó la reunión, nos quedamos conversando y Ana estuvo presente. Ella ya estudió en nuestra Colonia, actualmente forma parte del grupo de organizadores de la Casa. Cuando encarnada, fue una excelente poeta.

Escribió hermosas obras con gran talento.

– Ana – preguntó una compañera – ¿Tuviste dificultades para escribir cuando encarnada?

– No para escribir. Siempre me ha encantado la poesía. Pero para editar, sí. Hace años el prejuicio contra las mujeres era muy grande. Incluso usé un seudónimo. Pero valió la pena luchar por lo que amo.

– ¿Qué haces actualmente? – preguntó otro compañero.

– Estudio poesía y la escribo. Trabajo junto con el equipo de la Casa. Entonces, en el año venidero, también enseñaré cursos aquí.

– ¿Reencarnarás pronto? – preguntó un caballero.

– Ciertamente, dentro de unos años volveré a la carne y tengo la intención de ser escritora y poetisa. Espero exaltar las bellezas del Creador en mis escritos. Un compañero me dijo en voz baja:

– Ana es muy culta e instruida. Tomó los cursos en la Casa de una sola vez, solo para completarlos, porque ya sabía todo lo que los cursos ofrecen. Será una sabia instructora.

En la Casa del Escritor solo vemos adultos, algunos más jóvenes y otros mayores. Raramente vemos niños asistiendo a cursos en la Casa. Ellos, sí, adornan la casa, cuando vienen en excursiones que son un verdadero aprendizaje.

La primera vez que vi a un niño allí me sorprendió. El director me presentó.

– Esta es Rosângela, nuestra compañera de aprendizaje. Nuestro director se fue y nos quedamos conversando.

– Patricia, desencarné hace mucho tiempo. Tenía ocho años de edad. Me llevaron a un Centro Educativo. Amo tratar con niños, sentirme como una niña. Pronto fue genial. Gracias a los estudios de mis otras existencias, tengo una inteligencia desarrollada. Cuando encarnada, era excepcional con un alto coeficiente intelectual. En ese momento, cuando me encontraba en el Centro Educativo, un grupo de tres niños tenía problemas de adaptación. Comencé a hablar con ellos y los ayudé.

Y este ha sido mi trabajo durante años. A menudo, un niño ayuda a otro niño más que a un adulto. Estudié, trabajé y no cambié mi espíritu. Porque si quisiera, podría crecer, convertirme en joven o adulto. Prefiero quedarme así. Siempre me gustó escribir, estaba interesada en aprender y aquí estoy lista para comenzar a estudiar de inmediato.

Tengo la intención de escribir cuentos para niños. Historias con tramas interesantes que distraen y educan. Y no hay nada como un niño escribiendo para otro niño.

De esta manera, siento que a veces soy una persona adulta y otras una niña. Sin embargo, es con mi parte infantil con la que quiero escribir para muchos niños.

– ¿Tiene la intención de escribir desencarnada o encarnada?

– Quiero hacer las dos cosas. Si es posible, quiero dictar por psicografía. Luego reencarnar y ser escritora.

– ¿Te sientes bien? ¿Eres feliz?

– ¡Mucho! ¡Soy muy feliz!

Aquí se respeta nuestro libre albedrío. Rosângela realmente tiene mucho talento.

Osvaldo, nuestro compañero de estudios, contando su historia a la clase, dijo que vino a la Casa por amor a su novia.

– Estaba comprometido para casarme cuando desencarné en un accidente. Yo era católico, pero la familia de mi prometida era espírita. Y ellos fueron los que me ayudaron. Fui rescatado y acepté la desencarnación, pronto estuve bien. Mi ex novia tenía un pariente que hacía psicografía. Fui evocado, disfruté mucho escribiendo. Por lo tanto, siempre le estaba dando noticias a mi prometida y a mi familia, quienes luego se convirtieron en espíritas. Fui invitado a estudiar para aprender cómo es la vida en el mundo espiritual. Y el tiempo pasó y yo empecé a escribir. Para escribir mejor e impresionar a mi amada, me inscribí en el curso y lo concluí. Sin embargo, muchas cosas cambiaran. Empecé a amar la Literatura y quería dedicarme a ella con cariño. Actualmente, mis mensajes personales los escribo solo para mi familia y esto rara vez es así. Mi ex novia ahora está casada y le va muy bien. Yo aprendo aquí y el médium allá, es así como entrenamos y quien sabe editemos más adelante. Como pueden ver, vine a la Casa por un hecho en particular y aquí aprendí a pensar en hacer el bien a más personas gracias a la facilidad que tengo para expresarlo.

– Cuando reencarnes, ¿querrás dedicarte a la Literatura?

– Esos son planes para un futuro más remoto. Quiero ser un escritor encarnado. Después de todo, ¡trabajar con la Literatura es muy agradable y ser útil a través de ella es agradable!

13.– Mi Papá

En los últimos seis meses del curso, comencé a escribir los bocetos que pronto dictaría a mi tía Vera y que luego se convertirían en libros. Sentí algunas dificultades y dudas en ciertas partes. Como siempre, en estas ocasiones, cuando encarnada, buscaba la ayuda de amigos, pero de manera especial acudí a mi padre para recibir sus sabias opiniones y sus profundas y valiosas enseñanzas.

Un día hablando sobre este tema con António Carlos, dijo:

– Patricia, muchos se equivocan al pensar que solo los desencarnados pueden guiar y enseñar. El conocimiento es del espíritu activo que trabaja y estudia, sea que esté encarnado o desencarnado. El que sabe es porque ha aprendido, y que para aprender no escatimó esfuerzos. ¿Por qué entonces hay tantos cursos qué preparan para la reencarnación? Es cierto que el encarnado no recuerda todo lo que ha aprendido, pero permanece en su memoria más de lo que imagina. Por lo tanto, en las primeras lecturas y estudios, recordar es un aprendizaje rápido y fácil. Luego, hay tantos cursos para encarnados y tantos libros fantásticos que solo aquellos que no quieren no aprenden.

Por lo tanto, encontramos muchos encarnados con tanto conocimiento que superan a los de muchos desencarnados, incluso, a veces, aquellos que trabajan con ellos.

Antônio Carlos tiene razón, mi padre ha sido un erudito durante muchas encarnaciones. Tiene mucho conocimiento y es a quien casi siempre recurro para resolver una pregunta muy difícil.

José Carlos Braghini, mi padre en esta vida, es una persona a quien respeto y amo. Él no es un médium. Pero eso no significa que nuestro intercambio es imposible. Todos tenemos una sensibilidad que se puede refinar con el ejercicio de la mente, los estudios e incluso el trabajo que implica la mediumnidad.

Mi padre medita mucho. En estas meditaciones, en las que casi siempre tiene su mente dirigida a una de las enseñanzas del Maestro Jesús. Siempre que puedo estar cerca de él, sus pensamientos vienen a mí y escucho sus conclusiones en voz alta, tal como lo hice cuando estaba encarnada.

– Papá, papá, ¿cómo escribirías sobre este tema? Le digo mente a mente. Raramente puede verme.

Ni siquiera él sabe por qué cambia de pensamientos y comienza a meditar en el tema sugerido. Yo, rápidamente, tomo notas. ¡Cuántas sugerencias preciosas!

Este hecho es bastante posible. No piensen que solo los encarnados con mediumnidad pueden comunicarse con sus seres queridos desencarnados. El amor es un fuerte vínculo. Ten seguridad en esto, atención a esto, que a veces ata con un nudo y por lo tanto puede dañar a los que amamos. El amor que une debe tener comprensión, debe ser desinteresado. Siempre debemos desear la felicidad a quienes amamos y que estén bien, mejor que nosotros. De lo contrario, puede suceder que el nudo sea tan fuerte que haga que los que amamos sean prisioneros, tal como muchos encarnados hacen con quienes ya desencarnaran. En lugar de ayudarlos a enfrentar la nueva existencia, lloran, se quejan, se desesperan, los llaman cerca de ellos y hacen daño a sus seres queridos.

Nosotros, los desencarnados, sentimos los pensamientos de quienes nos aman mucho. Mucho se dice sobre la obsesión de los desencarnados con los encarnados, pero también debemos decir que a menudo es el encarnado quien no deja que el desencarnado siga su camino.

El encarnado ata con un nudo a su desencarnado y no quiere renunciar a su presencia, a pesar de que ni siquiera sienta esa presencia debido al estado que diferencia a los encarnados de los desencarnados.

Qué bueno es cuando nuestros seres queridos nos entienden y nos ayudan. Qué triste es sufrir con el sufrimiento de los encarnados. He visto muchos compañeros desencarnados desesperados por la agonía de sus seres queridos encarnados. A veces se perturban por las llamadas de los encarnados. ¡Qué bueno es tener conocimiento espírita!

¡Qué reconfortante es desencarnarse con este conocimiento!

Nosotros, los desencarnados, podemos comunicarnos con aquellos que amamos, sean estos médiums o no. Si eres un médium es más fácil. De lo contrario, puede hacerse mediante la desconexión durante el sueño o a través de conversaciones por el pensamiento. Desafortunadamente, el encarnado casi nunca lo percibe. Pero, si aprenden a sentir amor, confianza, sí sienten nuestra presencia. Pero, para que este intercambio sea bueno, tiene que ser una conversación edificante y agradable.

La persona desencarnada debe estar bien, consciente de su estado desencarnado. Y el encarnado, consciente de lo que es la desencarnación, debe comprender para poder ayudar. Si una de las partes es perturbada, ya sea por dolor, desesperación, inconformidad, no es bueno para ninguno de ellos. Incluso puede ser perjudicial para el desencarnado, especialmente si el encarnado está perturbado. Si ambos están bien, es maravilloso.

Entonces, así es como siempre estoy con mis seres queridos, con mamá, mis hermanos, amigos y mi papá. Me enseñaron a ver a mi padre tal como es, no como queríamos que fuera. Nuestra mente solo está interesada en lo que toca, la sensación y el placer de los sentidos. Por esta razón, no entendemos ni vivimos los dichos del magistral Nazareno u otros grandes hombres que pasaron por la Tierra. Todo lo que se repite se convierte para nosotros en aburrido y no nos brinda motivación. En este sentido, la acción es el soporte de la vida. La omnipresencia de Dios es sutil y no está relacionada con los sentidos. Por esta razón, pasa desapercibido, por lo que perdemos la oportunidad de participar con Dios en su concierto universal.

Como es común en la experiencia de la encarnación, en muchas ocasiones, estábamos rodeados de vibraciones negativas y, por supuesto, las sentíamos. Pero sabíamos que, con una mentalidad sencillo del Padre, esas vibraciones podrían disolverse. Pero también, de antemano, sabíamos su respuesta: "Ya les he enseñado. Ahora, háganlo ustedes, no quiero que sigan siendo mendigos espirituales. Hazlo por sí mismos." Aparentemente, nos dejaba solos, pero incluso en su aparente ausencia de ayuda, continuó vigilante y en poco tiempo estuvimos libres de acciones negativas.

Entonces mi padre siempre fue amable y sabio, siempre trata de educar a todos los que lo rodean. Muchos espíritus del astral inferior lo llaman hechicero por su pasado en otras existencias y lo menosprecian por ser un estudiante de verdades eternas.

Mi padre no es un espíritu que pide por cualquier cosa. Nos enseñó que siempre debemos actuar con perseverancia y convicción por lo que queremos. Siempre actúe con total ausencia de odio o rebeldía, incluso cuando estábamos siendo arrinconados. Necesitamos transformar y no destruir. Un día, cuando estaba a su lado, preguntó:

– Patricia, hija mía, ¿te gusta la Casa del Escritor? ¿Es hermoso estar allí?

– He visto Colonias más hermosas – Respondí, pensando que en realidad había visto Colonias mucho más encantadoras. Mi padre me respondió:

– Cuando estamos en el mundo físico, la mayoría de nosotros no tenemos capacidad de evaluar qué está condicionado a los resultados. Belleza, por ejemplo. ¿Cuándo encontramos algo hermoso? Cuando este algo está conectado con lo extraordinario y nos hace sentir que poseerlo, nos hace volver más importantes o poderosos. Cuando visitaste la Colonia Triángulo, Rosa y Cruz sentiste una emoción indescriptible, porque lo visual es extraordinario, algo inusual. Para los desprevenidos, este sentimiento de poder y belleza es tan inusual y poderoso que puede hacer que se pierdan en el orgullo y la vanidad. Cuando te encontraste con la visión de la Casa del Escritor, te sorprendió la diferencia entre una y otra. Pero, hija, mira la manifestación de Dios tanto en lo extraordinario como en lo sencillo y necesario. Esta Casa que es tu hogar en este momento es absolutamente necesaria, porque hay espíritus dedicados a la mejora psicológica de los hombres. En este sentido, la simplicidad no solo es necesaria, sino que es realmente esencial, porque en su interior, el hombre debe parecerse a Dios, que es realmente muy sencillo.

La belleza que encanta los ojos en muchas ocasiones es fugaz. La belleza de lo sencillo, pero necesaria para ayudar a la mayoría, es siempre pura y eterna.

La belleza de la manifestación de Dios está precisamente en el contraste de opuestos. La belleza que encanta a los ojos y a la mente no se disocia de la simplicidad de aquellos que, por estar integrados y ser mejores, son agentes activos de evolución de sus hermanos en la humanidad. Sienten alegría de ser lo que son, no necesitan ostentación. No quiero decir que los miembros de la Colonia Triángulo, Rosa y Cruz son ostentosos, pero sí, nos muestran con sencillez las posibilidades de creatividad del ser humano en su vida externa.

En esta Casa están los que trabajan para mejorar el ser interno del hombre.

– Y ahora, Patricia, ¿qué me respondes? ¿Es hermosa la Casa del Escritor?

– Sí, ¡es realmente encantadora! – respondí, besando su frente.

Como puedes ver, siempre hay ayuda cuando queremos, ya sea que estemos encarnados o desencarnados. Y la ayuda de aquellos que amamos es muy valiosa para nosotros. Especialmente para nosotros que, a través de la desencarnación, nos enfrentamos a un mundo diferente que no conocemos. La ayuda de los encarnados a quienes amamos siempre, es muy importante.

<u>14.– La Historia de Loreta</u>

Tuve que escribir un ensayo, una historia para poder presentarlo a la clase. Ya había hecho tres y no salieron como quería, un colega le pidió que fuera a una Colonia por él. Fui a hacerle el favor con alegría, esa Colonia es muy hermosa. Al pasar por una plaza, no pude dejar de mirar una enorme fuente de piedras azules. ¡Encantadora! Me senté en una de las cómodas bancas de la plaza y me quedé admirando esa fuente. De repente, noto a una chica a mi lado también embelesada con los encantos de la fuente. La miro. Era hermosa, rubia, ojos azul verdosos, sombreados con pestañas largas, sus rasgos eran perfectos y armoniosos, piel marrón clara, delicada y tímida.

Sintiéndose observada, me miró y me saludó.

– Hola, soy Loreta.

– Hola, soy Patricia. ¿Cómo estás? Disculpa por mirarte. ¡Me pareces tan hermosa!

– ¿Estás preocupada por algo? – preguntó gentilmente.

– Tengo que hacer un ensayo para presentar mañana a mi clase. No hice nada bueno. Estoy buscando una buena historia. ¿Conoces alguna que sea interesante para narrarme?

Loreta sonrió, su sonrisa era encantadora.

– Si tienes tiempo, te contaré sobre mi vida.

– Si pudieras hacerme este favor, te lo agradecería – dije con entusiasmo. Me senté más cerca de ella y esperé ansiosamente su relato.

– Soy hija de padres separados. Cuando era niña, rara vez veía a mi padre, luego no lo volví a ver. Tenía solo un hermano, mayor que yo y que a los trece años abandonó la casa y ya nadie supo de él. Mi madre se volvió a casar, mi padrastro, hasta entonces, era sensato y trabajador.

Tan pronto como comencé a comprender, me di cuenta de que mi belleza física me limitaba mucho. Tenía pocas amigas, las chicas sentían celos de mí, porque nuestros compañeros de la escuela querían salir conmigo. No me gustaban los niños, porque siempre me decían piropos. Cuando cumplí once o doce años, los problemas empeoraron. Me estaba convirtiendo en una hermosa niña. Mi padrastro comenzó a codiciarme. Fue horrible, le tenía miedo y siempre estaba encerrada en mi habitación. Evité estar a solas con él. Pero él me miraba mucho, mi madre sospechaba de su esposo y pensaba que yo correspondía.

En ese momento tampoco tenía amigos, había terminado los primeros cuatro años de escuela y no volví a estudiar, solo ayudaba a mi madre con los quehaceres de casa. Le temía cada vez más a mi padrastro. Mi madre encontró una solución, me encontró un internado, donde estudiaría y trabajaría en la escuela.

Me gustó la escuela, estaba tranquila allí y estaba emocionada de estudiar. Tenía una habitación muy pequeña, pero estaba feliz de que sea para mí sola.

Pasaron los años, no salía de la escuela para nada, ni siquiera en vacaciones. Mi madre rara vez me visitaba. Me sentí muy sola y trabajé duro, tenía pocas amigas, la mayoría de ellas no quería ser amiga de una chica tan hermosa que trabajaba para mantenerse. Todo iba bien, hasta que una monja vino transferida de otra escuela y mi paz terminó. Ella comenzó a acosarme. Al principio no entendía lo que ella quería, era inocente. Clarita, una de las pocas amigas que tenía, una colega del internado, me alertó. Comencé a escapar de esta monja y tuve que ser clara y decirle que no quería lo que me estaba haciendo. Ella comenzó a perseguirme sobrecargándome de trabajo. Estaba desesperada, no tenía a nadie a quien recurrir, tenía dieciséis años.

Clarita me ayudó, me consiguió un trabajo como empleada en la tienda de su tía, donde podía vivir en la parte trasera del establecimiento. Me entristeció dejar de estudiar, pero fue una solución.

Mi madre no me quería en casa y no tenía a dónde ir, ya no podía quedarme en la escuela.

Salí de la escuela, fui a trabajar con doña Mara, la tía de Clarita.

Ella era una solterona muy buena que me contrató, dejándome vivir en la parte trasera de la tienda. Me gustó el lugar y el trabajo, funcionó. Pasé un rato tranquilo.

Pero mi belleza fue una atracción tanto para la tienda como para muchos hombres que me decían galanterías, algunas groserías, otros más por diversión.

Cuando se supo que estaba sola y que era una simple sirvienta, fui blanco de mucha codicia.

Conocí a Geraldo cuando entró en la tienda para comprar un regalo para su hermana. Era tímido, cortés y respetuoso. Regresó varias veces para conversar. No se manifestaba ante mi belleza, incluso parecía que no pensaba no me encontraba hermosa. Me invitó a salir, fue un paseo agradable. Me sentí segura a su lado. Lo encontré diferente a los demás, no me hizo ninguna propuesta. Comenzamos a salir y poco después nos comprometimos. No estaba segura de que lo amaba, pero, pensando que estaba a salvo con él, acepté casarme. Tenía dieciocho años.

Nos casamos y nos fuimos a vivir a una casita al fondo de la casa de su hermana. Geraldo solo tenía a esta hermana como pariente. Se llamaba Dulce, era agradable y amable. Nos hicimos amigas.

¡Estaba tan feliz de tener mi espacio! Nuestra casita era hermosa y acogedora. Pero, para mi sorpresa, Geraldo cambió, ya no me dejaba trabajar y sentía celos incontrolables por mí. Me retuvo dentro de la casa. Raramente salía, y cuando lo hacía, estaba con él y casi siempre había peleas en el camino de regreso. Muchas veces me golpeó, sin hacer nada malo. Luego siempre se arrepentía, me pedía perdón, y lo perdonaba. Sufrí mucho.

Nadie me podía mirar. Incluso si me vestía de manera sencilla, sin ningún adorno, fui blanco de miradas masculinas. Eso lo volvía loco de celos, entonces para evitar peleas, preferiría no salir de casa.

Tenía veintitrés años. Tuvimos dos hijos, una pareja, y tenía tres meses de embarazo. Un día, mi hijo, el mayor, tenía fiebre. Geraldo siempre volvía a casa a las seis y media, a veces llegaba tarde. Estas demoras se debían a que hacía las compras para la casa. Mi cuñada estaba de viaje y mi niño empeoraba.

Decidí ir a la farmacia, que estaba cerca de casa, para comprar medicamentos. La farmacia ya estaba cerrada, el dueño, una buena persona, vivía en la parte de atrás. Era un viudo de mediana edad. Me recibió amablemente, me pidió que ingresara que iba a conseguir el medicamento. Tenía miedo de que si Geraldo se enteraba que entré a su casa me golpearía. Pero, pensé, él no lo sabrá, no hay mucho para comprar medicamentos para su hijo enfermo.

Pero Geraldo llegó y frente a nuestra casa fue sorprendido por un vecino chismoso, envidioso y malicioso, quien solo para ponerlo celoso comentó: "Geraldo, Loreta no está aquí, fue a la farmacia. La vi entrar a la casa. del propietario Ya sabes, es viudo y muy guapo. A esta hora, la farmacia está cerrada, no sé qué está haciendo allí."

Mi esposo ni siquiera le respondió y fue a verificar. Él estaba demasiado nervioso, entró sin llamar. Cuando entró en la sala, el farmacéutico me estaba entregando la medicina. No hubo mala intención de nuestra parte. Geraldo siempre andaba armado, costumbre que siembre reproché, pero me decía que era para evitar robos. Al vernos cerca el uno del otro, sin preguntar, sin confirmar ninguna sospecha, sacó su revólver y nos disparó a los dos. Las heridas que recibimos nos hicieron desencarnar en el acto.

Sentí el impacto, un fuerte dolor en el pecho, una sensación tan horrible, que pensé que me había desmayado del dolor, porque no vi nada más. Desperté en una enfermería y pensé que estaba en un hospital encarnado, pero estaba en un Puesto de Socorro en el Plano Espiritual. Me dolió la actitud de mi esposo, no quería hablar con nadie, ni quería hablar con las amables enfermeras. Pero lo encontré extraño, no encontré mis heridas. Estaba segura de que estaba herida, me preocupaba el niño que estaba esperando. Le pregunté a la enfermera.

"¿Qué le pasó a mi bebé?"

"Lo perdiste a causa de tus heridas." "¿Dónde están mis heridas?"

"Las curamos, pero no pienses en ellas, de lo contrario podrían volver."

Pensé que todo era muy extraño. Ese día, en la tarde, una de las enfermeras dijo una hermosa oración que me conmovió hasta las lágrimas, pero que me hizo pensar mucho. Pensé que algo diferente me había pasado. Le pregunté a la enfermera otra vez.

"¿Qué pasó conmigo? No me refiero a mis heridas.

"Tu cuerpo murió, vives en el espíritu."

Ella amablemente me explicó que yo desencarné, fui rescatada, etc. Lloré mucho y me quejé:

"Todo lo que me pasó fue porque era hermosa. Si fuera fea, Geraldo no hubiera estado celoso de mí. No me hubiese matado solo porque fui a comprar medicamentos."

Cuando recordé las medicinas, recordé a mi hijo enfermo, quería verlo, quería ir a casa. La enfermera me aconsejó a que no deseara ir. Ella, cariñosamente me dijo que él había sanado, y que mis hijos se encontraban bien con mi cuñada. No lo creía y anhelaba ardientemente ir a casa y fui impulsada allí por mi voluntad.

Cuando vi, estaba en mi ex hogar. Pero todo era diferente, otra pareja vivía allí. Fui a la casa de Dulce y vi a mis hijos. Mi cuñada y su esposo eran buenas personas, tenían tres hijos pequeños y se quedaran cuidando de mis dos hijos. Sentí alegría al verlos bien y que eran amados por estos.

Allí me enteré que Geraldo había sido arrestado en el acto, estaba en prisión y, como todos decían, no saldría de allí pronto.

Sabía que estaba desencarnada, pero decidí quedarme allí y no salir para nada. Estaba acostumbrada, era muy hogareña y me quedé allí como escondida. Evité a todos los encarnados, temiendo que me vieran o sintieran. Aparecieran las heridas, había cuatro, dos en el pecho, una en el brazo y una en el hombro izquierdo. Dolían mucho y a veces sangraban. Eso me incomodaba mucho.

(Cuando un espíritu rescatado en los Puestos quiere ir fervientemente a sus seres queridos, su fuerte voluntad lo impulsa, es decir, regresa sin saber cómo sucedió).

Pero mis fluidos no le estaban haciendo bien a Dulce y su familia. Los veía inquietos, quejándose. No sabía que yo era la causa. Dulce tenía algunos conocimientos espíritas y decidió ir al Centro Espírita. Pensé que era correcto y me quedé a cuidar de la casa. Me quedé en un rincón, cuando vi a dos desencarnados tomarme del brazo y llevarme. Me asusté, pero el viaje fue rápido, en segundos estábamos en el Centro Espírita donde Dulce había ido.

Me acercaron a una señora y un hombre, ambos encarnados. Este caballero fue a hablar conmigo. Me explicó bien mi condición, haciéndome ver que estaba haciendo daño a los que estaban en casa. Me pareció extraño, no quería lastimar a nadie, especialmente a los que amaba. El hombre encarnado que habló conmigo dijo que esto es común. La persona desencarnada regresa a sus seres queridos sin estar preparada y los perjudica. Él amablemente me dijo que era necesario que yo volviese al Plano Espiritual. Me rebelé y me negué a ir al hospital, al mundo de los espíritus. Pero prometí no volver a casa de Dulce. Respetando mi libre albedrío, salí del Centro Espírita y empecé a pasear por el barrio. Terminé en una plaza donde descansaba en una esquina. Sentí hambre, solo entonces me di cuenta de que el asesor del Centro Espírita tenía razón, me alimentaba junto con los miembros de la familia.

De repente, un niño dejó caer un helado y corrí a buscarlo.

(El espíritu que se va sin permiso y sin comprensión puede sentir los reflejos de sus enfermedades o heridas como sucedió con nuestra amiga. – Cuando Dulce fue a pedir ayuda, dos trabajadores del Centro Espírita fueron a su casa para verificar lo que estaba sucediendo. Al encontrarse con Loreta, la llevaron al Centro para que la guiaran; recibió adoctrinamiento por incorporación –. Los fluidos de los espíritus que no comprenden su estado perjudican a los miembros de la familia. Solo los desencarnados que entienden y aprenden a vivir como tales están libres de las necesidades del encarnado. En el caso de Loreta, ella se alimentaba de fluidos vitales de los alimentos).

"¡Es mío!"

Una señora desencarnada, vieja y fea me golpeó con fuerza en la mano. Regresé a donde estaba y lloré.

La señora me miró con curiosidad y se me acercó. "¿Estás sufriendo?"

"Lo estoy, ¿no lo ve?"

"Bueno, bueno, he estado sufriendo durante años y ni siquiera me importa. Puedes tomar el helado, te lo doy. Cuéntame qué te sucede, tal vez podría ayudarte. Me llamo Lalá ¿Y tú?"

"Loreta" – respondí.

Comí el helado, Lalá se sentó a mi lado, le conté toda mi vida.

"Tu belleza fue tu perdición" – comentó –. "¿Te has vengado de ese Geraldo?"

"¿Venganza?"

"Bueno, no seas estúpida, el muchacho mató tu cuerpo joven y hermoso, eres inocente ¿y lo dejarás así? Si quieres, te ayudo a vengarte."

"No sé si quiero o qué es lo que quiero o qué es lo que hago."

"Si quieres quedarte conmigo, cuidaré de ti."

"Sí."

Dos espíritus desencarnados, malignos y ociosos pasaran y se metieron conmigo, intentaron agarrarme. Para mi alivio, Lalá los enfrentó y los corrió.

"Tengo miedo, mi belleza se interpone en el camino incluso desencarnada. Gracias, fuiste valiente. No pensé que la gente desencarnada se metería conmigo."

"Depende de los desencarnados. Los buenos no hacen esto, ni encarnados ni desencarnados. Los malos realmente lo hacen. Pero qué graciosa es la vida. Algunas personas quieren ser hermosas y otras quieren belleza. Eres realmente hermosa. Conozco a esos dos, son realmente malos, si yo no hubiese estado aquí... ¿Quieres verte fea?"

(Una persona desencarnada puede golpear y acariciar a otra persona desencarnada. Son de la misma materia. Se sienten mutuamente).

"Claro que quiero."

"Voy a maquillarte. Ven conmigo a mi casa, allí tengo los accesorios."

Lalá fue conmigo a su antigua casa terrenal, su esposo ahora se había casado con otra y ella odiaba a su segunda esposa. Después de ir a su casa, Lalá comenzó a maquillarme. Ella me afeó, me puso sucia, desaliñada, me tiñó el pelo de color negro azulado.

Me maquilló la boca, haciéndola torcida y grande, e hizo una horrible cicatriz en mi mejilla izquierda.

Ella usó el material que trajo en mi maquillaje.

Cuando me miré en el espejo, me asusté, estaba muy fea, pero me sentía tranquila, ningún desencarnado callejero me miraría con malicia.

"Entonces, ¿estás feliz ahora?" – preguntó.

"¡Me veo horrible! ¡Eres una artista!"

Paseé con Lalá, salimos a caminar, porque ella sabía a dónde podíamos ir, comimos en su ex–casa, vampirizando a su rival. Lalá sabía que le estaba haciendo daño y estaba allí por esa razón. Ya no fui más a casa de Dulce, solo vi a mis hijos de lejos.

Saber que estaban bien me hizo sentirme tranquila.

Un día, Lalá insistió tanto que fuimos a ver a Geraldo a la cárcel.

Un espíritu que protegía la puerta nos detuvo. Lalá explicó que queríamos visitar Geraldo de...

"¿Son parientes?"

"Sí" – respondió Lalá.

"Este muchacho se porta bien, siempre recibe la visita de su madre desencarnada. Vengan, las llevaré a verlo."

(En las cárceles, comisarías, prisiones, hay equipos de buenos trabajadores que ayudan tanto a los encarnados como a los desencarnados que se quedan allí. Sin embargo, los espíritus malignos también van allí, algunos para vengarse, pero otros, como este guardia, van a cuidar como conserje, ya que no tienen algo más interesante que hacer, o por gusto, o incluso por orden de alguna organización del Umbral).

No me gustó lo que vi, tanto los encarnados como los desencarnados vibraban negativamente, el ambiente era horrible. Pronto estábamos en la celda de Geraldo, él estaba leyendo un libro.

Lalá, por el contrario, lo estaba disfrutando, caminando libremente. Tan pronto como lo vio, avanzó hacia él y lo maldijo. "¡Asesino! ¡Cobarde!"

Geraldo dejó de leer, se sintió mal, se puso nervioso. Un compañero le preguntó qué tenía.

"No lo sé" – respondió Geraldo con tristeza. "Creo que me volveré loco, soy un hombre común, maté a mi inocente esposa y a un hombre honorable."

"Ya conozco tu historia, ¡olvídala!" – dijo el compañero.

"No puedo, el remordimiento me mata, sufro mucho. Si pudiera pedirle perdón, me arrodillaría a sus pies."

Sentí pena por él, siempre había sido infeliz, ahora sufría más que yo. Entonces le dije a mi amiga:

"Creo, Lalá, que no necesito vengarme. Geraldo ya está sufriendo mucho. ¡Vamos, esto es horrible!"

Al salir de prisión, dos espíritus horribles nos atraparon. Pateamos, peleamos, pero eran más fuertes y no podíamos soltarnos. Nos llevaron a una cueva en el Umbral; el lugar era horrible, sucio y maloliente, nos pusieron en una esquina. No estábamos solos, se estaban reuniendo espíritus horribles. Me asusté, la escena que vi fue peor que una película de terror.

Lalá me dijo suavemente:

Loreta, trata de no hablar, solo habla cuando se te pregunte y usa tu inteligencia para hacerlo bien. Separémonos, huye tan pronto como puedas, yo también intentaré salir de aquí."

"¿Dónde estamos?"

"En la Zona Inferior, en el Umbral, somos prisioneras."

"Zona inferior, ¿qué es esto? ¿De quién somos prisioneras?"

"La Zona Inferior es lo mismo que el infierno. Somos prisioneras de ellos, de los que viven aquí. No estoy segura ni de por qué nos arrestaron. Creo que es para hacernos esclavas. Cuando ellos necesitan que se les haga algún trabajo por ellos, encarcelan a los que vagan para servirles."

"¿Me vas a dejar sola?" – Dije con miedo. "Fuiste tú quien me puso en esta situación."

"¡Ingrata! Te ayudo y me tratas así." Lalá se fue.

Me senté en una esquina sin el coraje para escaparme de ese lugar.

Sentí un miedo horrible y lamenté no haber seguido el consejo que me dieron en el Centro Espírita y no haberme quedado en el Puesto de Socorro. No supe cuánto tiempo estuve allí, el lugar estaba en la oscuridad, solo una pequeña antorcha clavada en la pared lo iluminaba. Me dolían mucho las heridas y tenía hambre y sed. Creo que después de dos o tres días vinieron por mí. Un tipo horrible me tomó del brazo y me llevó a otra cueva tan horrible como la primera, solo que estaba más clara y estaba decorada con innumerables cráneos. Un hombre estaba sentado en un trono que me observaba, me congelé. Pero, siguiendo el consejo de Lalá, traté de mantener la calma y pensé: "Si este tipo está en el trono, es porque cree que es rey o algo así, debo dirigirme a él como él guste." Me arrodillé al pie del trono y bajé la cabeza. El tipo que me trajo dijo en voz alta:

"Jefe, tomamos a esta cuando salía de la prisión, fue a visitar a un detenido."

"¿Qué estabas haciendo allá, oh infeliz? "

Su voz sonaba como un trueno, espesa y fuerte, respondí con voz temblorosa. "Señor, fui a darle una lección al bastardo que me mató."

"¿Venganza entonces? Amo a los que se vengan. No me entrometo en la venganza privada. Véngate como quieras, es tu derecho.

"¡Déjala ir, es tan fea que le da asco verla!" – dijo él, haciendo una mueca de disgusto. Me levanté, el tipo iba adelante y yo detrás de él, pasamos por otras cuevas y nos fuimos.

"¡Vete, infeliz!" – dijo mi acompañante.

Él regresó. Estaba sola. El lugar estaba oscuro, una fuerte neblina me impedía ver dónde estaba. Me sentí perdida, pero, aun así, caminé, quería alejarme de allí por miedo a ser arrestada nuevamente. Estaba cansada, adolorida, hambrienta, con frío y sed. A veces, veía a otras personas desencarnadas gimiendo, eran tan horribles que me asustaban. Aterrorizada, seguí caminando. "Ven por aquí, hija."

Sentí que alguien me tomaba del brazo y caminamos unos minutos. Pronto vi una luz, unos pasos más y estaba en la ciudad. Me solté y corrí.

Era de noche, caminé hacia la plaza, tomé el agua de la fuente.

Después de acostarme en la hierba, intenté descansar. Dormí, desperté con la luz del sol. Me vi en las aguas de la fuente, fue horrible. Esa suciedad y el maquillaje me molestaban, pero era preferible seguir así. Si no hubiese sido por eso, no habría salido del Umbral.

Bonita, hubiera sido codiciada por cualquiera de ellos. Me sentí muy sola, mi única amiga era Lalá, una amiga extraña, pero ella era mi compañera. Fui a buscarla a su antigua casa y la encontré.

"¿Cómo saliste?" – Ella quiso saber.

"Pensaron que era fea. ¿Y tú?"

"Soy inteligente, sé todo lo que hay allí. Ven a comer. Te llevaré a ver a tus hijos más tarde."

Como lo prometió, Lalá me llevó a ver a mis hijos. Una vez allí, Dulce estaba hablando en la acera con un vecino.

"Doña Ivone, desde que fui al Centro Espírita, todo ha mejorado aquí en casa, mis sobrinos están bien, sanos, ya no lloran. Mi esposo y yo los amamos como si fueran nuestros."

Me siento bien y saludable. Creo que Loreta entendió que nos estaba haciendo daño y se fue. ¡Que Dios la ayude! "

Me conmovió, vi a mis hijos de lejos, estaban jugando.

Tomé la mano de Lalá y nos fuimos.

"Mis hijos, Lalá, ya han sufrido demasiado. No puedo dañarlos y tampoco a Dulce, ella y su esposo cuidan bien de ellos."

(Un rescatista la ayudó, ciertamente. Si ella no hubiese corrido, él podría haberla ayudado mejor, ciertamente a través del agua fluidificada).

"¡Es por Geraldo que todo está saliendo mal!"

"No quiero vengarme, ¿qué me importa? ¡Él sufre más que yo! Ni siquiera quiero visitarlo, es peligroso. Fuimos arrestados allí."

¿Dices que sufre y tú no? ¡Solo él es culpable y tú eres inocente! Después de todo, ¿qué quieres? Eres muy hermosa y solo me molestas. No te quiero más cerca de mí. Tengo muchos planes y tú no eres parte de ellos.

¡Adiós!

Lalá se fue, volví a la plaza y comencé a llorar, lloré tanto que las lágrimas me lavaron la cara.

"¡Qué raro! ¡Pareces fea! Ven aquí, muñeca, te llevaré" – dijo un desencarnado, tomándome del brazo, quien fue malo cuando estaba encarnado.

Tuve que luchar contra él. Cuando me dejó, salí corriendo y me escondí, estaba maldiciendo. Cuando vi que se había ido, regresé y me miré en el agua de la fuente, mi maquillaje estaba dañado, apareció una hermosa parte de mi rostro. Pensé y murmuré:

"¡Dios mío! Si me veo hermosa otra vez, no sé qué me pasará. ¡Odio ser hermosa! En la Tierra, entre los encarnados, no hay lugar para los muertos del cuerpo. Creo que tengo que ir a un lugar apropiado. Necesito ayuda, pero realmente ayuda. "Creo que iré al Centro Espírita, me trataron muy bien allí, tal vez puedan ayudarme."

Me daba vergüenza pedir ayuda, después de haberla rechazado y haber sido grosera. Pero el miedo y el deseo de ser ayudados fueron mayores y fui. Tenía miedo de encontrar matones desencarnados. Era de día y el Centro Espírita estaba cerrado. Llamé a la puerta y esperé.

Una persona desencarnada con una apariencia agradable me atendió.

"Por favor, por el amor de Dios, ayúdame, necesito ayuda" – dijo llorando.

(En casi todos los Centros Espíritas, junto con la construcción material, hay una construcción del mismo material del que están hechas las Colonias, las ciudades espirituales. Este trabajador abrió la puerta de esta construcción y Loreta con su ayuda cruzó la puerta material).

"Entra, siéntate aquí y toma esto. Sufriste mucho para poder entender y pedir ayuda Nosotros te ayudaremos. Te llevaremos a un hospital pronto."

Me sentí mejor, allí sentí protección. De hecho, pronto me llevaron a un hospital en un Puesto de Socorro. Esta vez, fue diferente, fui obediente y pronto me recuperé. Cuando me recuperé, comencé a aprender y trabajar.

Loreta guardó silencio. Suspiramos juntss y sonreímos. Pregunté:

– ¿Y Geraldo y tus hijos?

– Mis hijos están bien, ya son unos jovencitos. Geraldo todavía está en prisión. Los he ido a ver cuando he tenido permiso.

– ¿Y el farmacéutico?

– Fue rescatado. Era buena persona, aceptó la ayuda y lo está haciendo muy bien, está tratando de ayudar a Geraldo.

– ¿Y Lalá?

– La esposa de su ex esposo fue a un Centro Espírita en busca de ayuda, por lo que fue guiada y ayudada, está bien en otra Colonia. Patricia, hay muchas encarnaciones en las que he sido vanidosa.

Ya estuve casada con el espíritu de Geraldo y lo traicioné muchas veces, haciéndolo sufrir mucho por celos.

Nos callamos y meditamos. Pero pronto recordé que tenía que escribir mi ensayo. Le dije adiós a mi amiga.

– Loreta, me tengo que ir. Gracias.

Loreta sonrió, es realmente hermosa, una de las bellezas humanas más perfectas que he visto.

(Le di agua fluidificada).

15.– Al Término

Al final de este curso, en medio de la emoción y la euforia por el objetivo alcanzado, un nuevo sentimiento comenzó a apoderarse de mí. Este sentimiento no estaba vinculado a la victoria y la conquista. Era un sentimiento de plenitud, un inmenso placer de "vivir", sentir en los poros del alma el amor que Dios tiene por el hombre y por todo lo que es suyo. Como siempre, no pude evitar recordar las recomendaciones de mi padre, que muchas veces no llegué a comprender. En cierta ocasión, ya desencarnado, y con inmensas oportunidades de saber y estudiar lo que quiero hacer, me dijo: "Patricia, debemos buscar el conocimiento sin cesar y con empeño, pero no debe verse como un fin, sino como un medio.

Porque los archivos mentales son cosas del pasado y Dios no está en el pasado ni en el futuro, Dios es atemporal. En su tiempo, lo importante es vivir la vida por la vida, amar, vivir por la belleza misma de vivir a este Dios inmenso, infinito y amoroso."

En ese momento estaba siendo agraciada, me sentía parte del Padre. Estaba feliz de ser lo que era, ansiaba profundamente actualizar todos mis talentos para que a través de esta acción pudiera mostrar todo mi amor y afecto por el Creador y Padre de todos nosotros.

¡Qué rápido pasa el tiempo cuando estamos felices! El curso había terminado e hicimos planes para el futuro.

Cada uno de nosotros, con gran entusiasmo, planeó lo que haría a continuación. Todos estábamos entusiasmados con las nuevas tareas y estábamos felices con el trabajo por delante. También hice mis planes con mucho cariño. Ya había escrito mis libros que dictaría a la médium. Libros que fueran hechos con cuidado y mucho amor, trabajo que aprobaron los supervisores de la Casa. Pronto mi tía y yo trabajaríamos juntas. Todo lo que comienza tiene continuidad y término. Iba a trabajar con Literatura por un tiempo determinado, dictando mi experiencia a los encarnados. También planeé lo que haría después de este trabajo. Voy a seguir estudiando las Colonias de Estudio. Pero mi conocimiento no se quedará sin dar fruto. También seré instructora, enseñaré en cursos. Esto es lo que deseo y sueño. El querer de un desencarnado es casi siempre poder, especialmente para el espíritu que quiere progresar y ser útil. Yo quiero y mucho.

Mi trabajo en dictar libros se realiza en horas diarias. Sí, digo trabajo, porque todos los que realizan una actividad intelectual, mental o material están trabajando. Y fue un trabajo que hice, que hicimos con mucho gusto. No solo trabajaba cuando dictaba y el médium escribía, sino que me quedaba con ella durante más horas, ya que mientras ella trabajaba materialmente en su casa, como en las tareas diarias del ama de casa; conversábamos mentalmente, hablando de hechos, extractos que íbamos a escribir por la tarde. Y no era solo un decir. Como mínimo, cada capítulo se escribió tres veces, algunas partes, incluso, muchas veces más. Todo esto afín de hacer lo mejor posible. En ese momento, también era responsable de cuidar de ella, del médium, de su hogar y su familia.

Pero tenía mucho tiempo libre y no estaba inactiva. Yo fui muchas veces a mi hogar terrenal, al Centro Espírita, a las Colonias donde tengo amigos.

Fui parte del equipo de rescate de afiliados en la Casa del Escritor. Mi rincón permaneció allí. Asistí a las tan agradables reuniones que la casa promueve. Hablé en sus patios, donde el entusiasmo es constante.

Íbamos frecuentemente a visitar los puestos de libros espíritas en todo el Brasil, así como a ayudar, siempre que lo solicitaban, los editores, los revendedores y también algunos lectores. Muchas personas, cuando leen, le piden ayuda al escritor, al médium, si el libro está psicografiado. Estas ayudas son privadas y casi siempre los pedidos nos llegan a través de oraciones. Difícilmente el médium o el escritor encarnado puede ayudar y no siempre el escritor desencarnado puede acudir en su ayuda en ese momento. Pero el equipo va, estudia, analiza el problema y, en la medida de lo posible, se brinda ayuda. Por supuesto, no se puede hacer todo lo que se pide que haga. La mayoría de las veces corresponde al encarnado resolver el problema. Pero solo por el hecho de que el equipo lo visita, el pidiente recibe fluidos saludables, buenos, con entusiasmo y coraje.

Durante ese tiempo, participé en muchas reencarnaciones de afiliados. Muchos residentes que se habían estado preparando durante mucho tiempo decidieron encarnar y continuar la tarea estando en la carne.

También se esperaban desencarnaciones que merecían nuestra ayuda. Muchos regresaron victoriosos, otros cumplieron a la mitad lo que se propusieron hacer.

Muchas, muchas veces, fuimos con los miembros encarnados para darles fuerza y entusiasmo para continuar con sus trabajos en desarrollo. Si los espíritus malignos los desaniman, depende de nosotros animarlos. Sin embargo, el encarnado tiene su libre albedrío y escucha a quien quiera.

Fue un trabajo fructífero, en el que aprendí mucho. Ciertamente, cuando me vaya, mi rincón estará ocupado, intentaré dejarlo como antes.

Pero, volviendo al final del curso, hicimos planes y gracias a la bondad del Padre todo salió bien, la euforia fue grande. No terminamos el curso como comenzamos. Nuestro conocimiento se incrementó, nos hemos vuelto más capaces y maduros. No hubo fiesta, pero si una reunión donde amigos y residentes de la casa estuvieron presentes. Invité a muchos amigos y ¡sí que fue una agradable sorpresa!

– Casi todos asistieron. Frederico me regaló un hermoso ramo de rosas azules. António Carlos, mi mayor impulsor, no ocultó su satisfacción. Mi abuela y amigos de la Colonia San Sebastián también fueran a saludarme. Al igual que mis amigos de la Casa del Saber, del Centro Espírita, en fin, muchos estaban allí para desearme éxito en el trabajo que había comenzado. No me resultó fácil dictar al encarnado, pero dos años de estudio me dieron un poco de confianza. Nosotros, los ocho, los aprendices, estábamos felices y emocionados, en este tiempo juntos nos hicimos realmente amigos.

– ¡La tarde se ve diferente! – exclamó Ruth –. Quizás, si fuera otro día, no notaríamos la diferencia. Pero como hoy es el final de nuestro curso, me siento diferente. ¡Creo que es porque estoy muy feliz!

Ruth intentaría, al igual que yo, dictar a los encarnados.

– Estoy listo para escribir. ¿Pero la parte encarnada lo estará? – dijo con una sonrisa.

– ¡Confía y trabaja! – le respondí.

Ruth estaba lista, era excelente escribiendo, culminó el curso con elogios. Pero estaba preocupada por el médium que serviría como intermediario, estaba desanimada y no era perseverante con la capacitación necesaria. Todos estábamos conscientes de las dificultades que encontraríamos. Nada se logra fácilmente. Pero el entusiasmo por construir, por realizar, fue fuerte en nosotros.

Todos estábamos reunidos en el salón principal, que estaba decorado con muchas flores, la reunión comenzó con una oración agradeciendo la oportunidad que el Creador nos había dado.

El director de la Casa, quien desde hacía dos meses estaba en el cargo, porque, como ya se dijo, la dirección es rotativa, agradeció a todos por su presencia y alentó a los presentes a estudiar para que podamos ayudar cada vez más con sabiduría.

También escuchamos a Aureliano y María Adélia, estos dos maestros competentes y estudiosos que nos saludaran, motivándonos a seguir adelante y no detenernos ante las dificultades.

André Luiz vino a patrocinarnos. Abrazando uno por uno a quien concluyó el curso, diciendo palabras de afecto y aliento. Nos brindó unas palabras.

– ¡Queridos invitados y queridos compañeros! Les espera una nueva tarea, no piensen que no tendrán dificultades para superar. Las dificultades resueltas son pasos que subimos hacia el progreso. Hagan su trabajo con entusiasmo y afecto. ¡Insistan y realícenlo! ¿Qué sería de nosotros si Jesús no hubiera encarnado? Si él, hubiera pensado que sería inútil y que no valdría la pena, ¿no se hubiera vestido con el cuerpo de carne para enseñarnos? ¿Cómo hubiéramos estado sin sus fabulosas enseñanzas? No nos igualemos al Maestro, sino sigamos el ejemplo de su conducta. Hagamos lo que depende de nosotros, incluso si se trata de un trabajo considerado pequeño, porque al hacerlo un día podremos decir: ¡Ya está hecho!

Sintamos siempre en la tarea cumplida una oportunidad que recibimos ¡para progresar, haciendo, realizando! ¡Que todos tengan éxito!

Se escucharan aplausos en todo el salón. Abrazamos y fuimos abrazados.

La alegría fue única. Afortunadamente, mantuve los eventos en mi memoria y en mi corazón. ¡Siempre me sentía más y más feliz!

FIN

Libros de Vera Lúcia Marinzeck de Carvalho y Patricia

Violetas en la Ventana

Viviendo en el Mundo de los Espíritus

La Casa del Escritor

El Vuelo de la Gaviota

Vera Lúcia Marinzeck de Carvalho y Antônio Carlos

Amad a los Enemigos

Esclavo Bernardino

la Roca de los Amantes

Rosa, la tercera víctima fatal

Cautivos y Libertos

La Mansión de la Piedra Torcida

La Casa del Acantilado

La Gruta de las Orquídeas

Ocurrió

Aquellos que Aman

Libros de Marcelo Cezar y Marco Aurelio

El Amor es para los Fuertes

La Última Oportunidad

Nada es como Parece

Para Siempre Conmigo

Solo Dios lo Sabe

Tú haces el Mañana

Un Soplo de Ternura

Libros de Eliana Machado Coelho y Schellida

Corazones sin Destino

El Brillo de la Verdad

El Derecho de Ser Feliz

El Retorno

En el Silencio de las Pasiones

Fuerza para Recomenzar

La Certeza de la Victoria

La Conquista de la Paz

Lecciones que la Vida Ofrece

Más Fuerte que Nunca

Sin Reglas para Amar

Un Diario en el Tiempo

Un Motivo para Vivir

¡Eliana Machado Coelho y Schellida,
Romances que cautivan, enseñan, conmueven
y pueden cambiar tu vida!

<u>Libros de Mónica de Castro y Leonel</u>

A Pesar de Todo

Con el Amor no se Juega

De Frente con la Verdad

De Todo mi Ser

Deseo

El Precio de Ser Diferente

Gemelas

Giselle, La Amante del Inquisidor

Greta

Hasta que la Vida los Separe

Impulsos del Corazón

Jurema de la Selva

La Actriz

La Fuerza del Destino

Recuerdos que el Viento Trae

Secretos del Alma

Sintiendo en la Propia Piel

Grandes Éxitos de Zibia Gasparetto

Con más de 20 millones de títulos vendidos, la autora ha contribuido para el fortalecimiento de la literatura espiritualista en el mercado editorial y para la popularización de la espiritualidad. Conozca más éxitos de la escritora.

Romances Dictados por el Espíritu Lucius

La Fuerza de la Vida

La Verdad de cada uno

La vida sabe lo que hace

Ella confió en la vida

Entre el Amor y la Guerra

Esmeralda

Espinas del Tiempo

Lazos Eternos

Nada es por Casualidad

Nadie es de Nadie

El Abogado de Dios

El Mañana a Dios pertenece

El Amor Venció

Encuentro Inesperado

Al borde del destino

El Astuto

Romances de Arandi Gomes Texeira y el Conde J.W. Rochester

La Reencarnación de una Reina

Ustedes son dioses

Libros de Vera Kryzhanovskaia y JW Rochester

La Venganza del Judío

La Monja de los Casamientos

La Hija del Hechicero

La Flor del Pantano

La Ira Divina

La Leyenda del Castillo de Montignoso

La Muerte del Planeta

La Noche de San Bartolomé

La Venganza del Judío

Bienaventurados los pobres de espíritu

Cobra Capela

Dolores

Trilogía del Reino de las Sombras

De los Cielos a la Tierra

Episodios de la Vida de Tiberius

Hechizo Infernal

Herculanum

En la Frontera

Naema, la Bruja

En el Castillo de Escocia (Trilogia 2)

Nueva Era

El Elixir de la larga vida

El Faraón Mernephtah

Los Legisladores

Los Magos

El Terrible Fantasma

El Paraíso sin Adán

Romance de una Reina

Luminarias Checas

Narraciones Ocultas

La Monja de los Casamientos

Libros de Elisa Masselli

Siempre existe una razón

Nada queda sin respuesta

La vida está hecha de decisiones

La Misión de cada uno

Es necesario algo más

El Pasado no importa

El Destino en sus manos

Dios estaba con él

Cuando el pasado no pasa

Apenas comenzando

World Spiritist Institute

https://iplogger.org/2R3gV6